U0128265

社會影響評估

開發行為的社會影響評估與管理指引

Social Impact Assessment:

Guidance for assessing and managing the social impacts of projects

主要作者｜法蘭克·范克雷 Frank Vanclay
共同作者｜安娜·馬利亞·埃斯提佛斯 Ana Maria Esteves　伊沙·奧肯普 Ilse Aucamp　丹尼爾·法蘭克斯 Daniel M. Franks
譯者｜王鼎傑 何明修

RSPRC　巨流圖書公司印行

國家圖書館出版品預行編目（CIP）資料

社會影響評估：開發行為的社會影響評估與管理指引 /
法蘭克．范克雷（Frank Vanclay）等作；
王鼎傑，何明修譯．-- 初版．
-- 臺北市：臺大風險政策中心，2017.09
面；　公分
譯自：Social impact assessment : guidance for assessing and managing the social impact of projects
ISBN 978-986-05-3059-9（平裝）
1. 區域開發　2. 環境影響評估　3. 風險管理
553.16　　106012166

社會影響評估：開發行為的社會影響評估與管理指引

原書名　Social Impact Assessment: Guidance for assessing and managing the social impacts of projects
主要作者　法蘭克・范克雷（Frank Vanclay）
共同作者　安娜・馬利亞・埃斯提佛斯（Ana Maria Esteves）、伊沙・奧肯普（Ilse Aucamp）、丹尼爾・法蘭克斯（Daniel M. Franks）
譯者　王鼎傑、何明修
校對　王鼎傑、何明修、林木興、張嘉耘、吉彥蓉、許令儒、吳玗恂
責任編輯　許令儒、林瑜璇
封面設計　密志齊
版型設計　魏暐臻

出版　國立臺灣大學社會科學院風險社會與政策研究中心
10617 臺北市大安區羅斯福路四段 1 號
電話：02-33668422
傳真：02-23657409
e-mail: ntusprc@ntu.edu.tw
網址：http://rsprc.ntu.edu.tw

編輯部　23445 新北市永和區秀朗路一段 41 號
電話：02-29229075
傳真：02-29220464

郵撥帳號　01002323 巨流圖書股份有限公司
購書專線　07-2265267 轉 236

法律顧問　林廷隆律師
電話：02-29658212

出版登記證　局版台業字第 1045 號

＊本書原文著作 Social Impact Assessment: Guidance for assessing and managing the social impacts of projects 是由國際影響評估學會 International Association for Impact Assessment（IAIA）於 2015 年以英文出版發行，該著作係採用創用 CC 姓名標示 - 禁止改作 4.0 國際授權條款（https://creativecommons.org/licenses/by-nd/4.0/）授權，並於 2017 年特別授權給國立臺灣大學社會科學院風險社會與政策研究中心翻譯出版為臺灣中文版。

巨流
ISBN / 978-986-05-3059-9（平裝）
初版一刷 ・2017 年 9 月

定價：260 元

版權所有・請勿翻印
（本書如有破損、缺頁或倒裝，請寄回更換）

臺灣中文版序言

長年以來，臺灣習用傳統治理模式與思維，在舊式發展主義底下，以利益與實害的機械性計算數字、衡量開發行為的衝擊，持著經濟發展大旗，卻忽略許多外部成本與風險，造成分配不正義，引起諸多在地居民、公民團體等社會的反彈及抗爭。近年來，我們面臨礦業權展延爭議、國道及東海岸縣道開發爭議、科學園區水資源爭議、環境污染導致的遷村案、國小學童受工廠空污的健康風險，又如石化產業對自然生態、農漁業、健康的衝擊及溫室氣體排放影響等，無不涉及複雜的環境與社會風險並溯及過去的歷史結構成因。

然而，過去仰賴技術官僚與專家治理、信奉實證主義的決策模式，顯然難以應對這些爭議事件。環境影響評估法在臺灣於 1994 年通過實行，隨著實務經驗發展累積，當政府、開發單位等決策者似乎得以瞭解開發行為對自然環境影響（但也得承認科學不確定性與非意圖後果）的同時，卻無法因應開發行為帶來的社會、生活、文化樣貌變遷所造成的衝擊與社會風險。面對由此而生的社會抗爭，或將之視為不理性、無知的群眾只為自身利益著想，或僅是政客對政治利益的盤算與操弄，或只是為了拼經濟的必要之惡，這都是過於偏狹的認知。我們需要的是徹底檢討制度性問題，進一步反思社會價值的轉變，並重新凝聚社會共識。

臺灣的環評制度操作上，首先忽略社會影響，再者因為特殊的審查模式，將原本重視諮詢、建議、溝通的評估過程，設立過與不過的程序門檻，一翻兩瞪眼，複雜的社會環境因子化約為可操作的評估標準，卻掛一漏萬，犧牲不同社會脈絡下利害關係人協商討論的空間。在快速變動的風險社會、環境與社會問題交織，卻無相對應的韌性制度調適。於是，開發單位（企業）批評環評程序冗長無效率；政府部門不同主管機關各自推託卸責；公民團體責備企業無良、政府失職。

這些爭議只是臺灣面臨的諸多議題之一，背後隱含的是產業轉型、社會轉型、治理模式的轉型。我們必須認知到現代性風險其跨界與不確定性的本質，放下專業與官僚的傲慢，讓公眾與利害關係人皆能在資訊公開程序透明的條件下（提升公眾風險感知），共同參與並監督決策（進行有效的風險溝通），如此強化風險治理，突破風險遲滯、隱匿的困境，進而提升政府、公民與產業三方面的信任，逐漸發展、建立社會學習曲線。經濟的創新與永續發展，需要社會共同努力，建構新的願景與價值來支撐典範轉移，在摩擦、衝突間保持前瞻發展的可能性。亦即，臺灣需要更多的「腦礦」來研發、想像、參與、論述未來社會的發展；尤其，當社會面對鉅變轉型之際，我們需要尋求與建構新的社會契約，而在新的社會契約形成的過程中，需更加強利害關係人風險溝通，使他們能夠參與自己過去、現在與未來的社會論述。

誠如原文所述，社會影響評估是一個管理複雜社會議題的工具，主要用於管制過程中的影響預測機制及決策參考，亦是貫穿整個開發行為週期的管理工具，本書作為指引是一概述性的架構。本中心社會影響評估研究團隊，取得國際影響評估學會的授權，經過一年多的研究與翻譯校對，現完成第一本中文的開發行為社會影響評估指引，相當感謝研究團隊成員的何明修教授、王鼎傑博士、林木興博士生、許令儒助理研究員、吳玗恂助理研究員、研究助理張嘉耘同學與吉彥蓉同學。冀望本書的出版能為臺灣補上這缺失的一環，並吸引更多的在地相關研究、論述與實作經驗的分享，加強政府、產業與公民持續、開放的溝通，以達到更良善的治理。本中心作為高等教育機構的研究中心，肩負橋接學院研究、產業實務與提供公共政策建言的任務，而透過跨界溝通知識平台的建立，讓多元行動者有相互連接並持續反饋的橋樑，推動並促進社會創新發展，是我們始終努力的目標。

國立臺灣大學社會科學院
風險社會與政策研究中心
主任 周桂田
2017 年 8 月

本書目的與設定讀者群

本書旨在為開發行為有關的利害關係人提供建議，使其瞭解良善的社會影響評估與社會影響管理能帶來何種成效。開發行為是指水壩、採礦、石油和天然氣鑽探、工廠、港口、機場、管線、輸配電力線、道路、鐵路和其他包括大規模農、林、水產養殖產業基礎建設之設置。這項指引文件立基於國際影響評估學會（International Association for Impact Assessment）在 2003 年出版的《社會影響評估國際原則》（International Principles for Social Impact Assessment），該文件概述了社會影響評估領域的總體架構，包括這項專業活動能帶來的預期成效。這本指引希望提出在執行和分析社會影響評估時，因應各種社會議題的相關優良實務及開發行為調適管理之建議。本文內容所描述良善的、甚至是先進的作法，並不見得都能適用於每種情況，閱讀本書的讀者須自行評判，在特定的脈絡中，哪些作法是適切的。

本書所設定的讀者包括：

- 社會影響評估的從業人員與諮詢顧問。他們或許想要知道自己的實作與國際上最佳實務有何不同。
- 開發行為的業者與支持者（包括私部門和政府機構）。這本書能協助他們如何評價社會影響評估的諮詢顧問，並瞭解其可能成效。
- 政府管制機關。協助如何判定社會影響評估報告的品質以及是否可以被接受。他們也能夠知道社會影響評估的操作程序與其可能成效。
- 受僱於國際開發銀行的專家，包括世界銀行、國際金融公司、亞洲開發銀行、非洲開發銀行、歐洲復興開發銀行、歐洲投資銀行、美洲開發銀行。

- 處理社會事務的金融機構員工，尤其是奉守赤道原則的銀行。
- 開發公司。
- 政府的規劃機構。
- 社區與在地居民。
- 公民社會組織。
- 參與建構社會影響評估架構的專業人士。

銘謝

上百位參與國際影響評估學會年度會議或是其他活動的人士，他們的貢獻與想法已經被納入本書。有些人士因其卓著貢獻而應特別指名，包括 San-Marie Aucamp、James Baines、Hilda Bezuidenhout、Eelco de Groot、Damien Eagling、Gabriela Factor、Cornelia Flora、Nora Götzman、Philippe Hanna、Angelo Imperiale、Deana Kempt、Ivo Lourenço、Lucy McCombes、Behrooz Moraridi、Ciaran O'Fairchealaigh、Marielle Rowan、Helen Russell、Rauno Sairinen、Arn Sauer、Frank Seier、Eddie Smyth、Mike Steyn、Nick Taylor、Lidewij van der Ploeg、Francesca Villiani 和 Jorge Villegas。

免責聲明

本文件提供了出版之際，由國際影響評估學會認定為社會影響評估良善作法的一般性指引。這本書的撰寫僅是為專業社群提供的一般性公共服務，並不是要提供法律或技術建議。各國的法律與規定有相當大的差異，從業人員應要留意是否符合他們執業所在地的各種要求。內文提及若干公司或企業作為參考，並不等於對他們行為的支持或背書。若有因為這份建議報告所導致的任何後果，國際影響評估學會不承擔其錯誤或遺漏的責任。

關於封面圖片

亞馬爾半島南部，亞爾薩列市農場，第四號馴鹿遊牧隊。2012年4月，由拉普蘭大學北極圈研究中心（Arctic Centre, University of Lapland）的弗洛里安・斯塔姆勒（Florian Stammler）所拍攝。（經授權使用）

在出發前往下一個營地之前，每個遊牧隊的家庭，一週會糾集馴鹿數次，由雪橇夫自行挑選他們想要的鹿隻，以拖曳雪橇和家當物品。

臺灣中文版翻譯致謝

本書之臺灣中文翻譯需感謝臺大風險中心助理研究員林木興、張嘉耘、吉彥蓉、許令儒、吳玗恂等社會影響評估研究團隊協助部分翻譯與全文校對，亦要感謝洪立蓁小姐初步翻譯原文第1至70頁。最後若尚有任何翻譯疏漏，仍由主要譯者王鼎傑與何明修負責。

關於作者

法蘭克・范克雷（Frank Vanclay）教授，出生於澳洲，現為荷蘭葛洛寧恩大學（University of Groningen）空間科學學院文化地理學教授。他成長於澳洲東北一個快速發展的地區，因此終身都有著對於社會影響評估與發展治理的興趣。雖然投身於學術界工作，但他對應用社會研究有濃厚興趣，也認為學術研究應拓展其社會關連性，因此他經常被聘請為關於各種社會議題的顧問，特別是在許多機構從事社會影響評估，包括世界水壩委員會、世界銀行、各國政府機構以及各種國際非政府組織和產業組織。他也於東芬蘭大學（Eastern Finland Univeristy）與聖保羅大學（University of Sao Paulo）擔任訪問教授。他參與國際影響評估學會超過 25 年，擔任過許多領導職務，例如他現在擔任《影響評估與開發行為評價》（*Impact Assessment & Project Appraisal*）期刊的編輯委員會主席。此外，他也撰寫了許多關於社會影響評估領域的重要論文，並且在 2014 年獲得了國際影響評估學會之獎項，肯定他對於促進社會影響評估理論與實作的個人貢獻。電子郵件地址：**frank.vanclay@rug.nl**

安娜・馬利亞・埃斯提佛斯（Ana Maria Esteves）博士，出生於莫三比克，現居荷蘭，長期關注開採挖掘產業如何促進社會發展。她在 2002 年設立了一家社會績效（social performance）的諮詢公司「社區洞見集團」（Community Insights Group）。安娜・馬利亞與社區洞見集團在社會績效和在地成分（local content）方面，提供協助給許多全球資源公司，例如：殼牌公司、英國天然氣集團（BG）、塔洛石油公司（Tullow Oil）、英美資源集團（Anglo American）、力拓集團（Rio Tinto）、澳洲必和必拓集團（BHP Billiton）等。雖然她主要是從業人員，但她發表了廣泛地關於社會影響評估與在地成分的學術論文，並且在蘇格蘭格拉斯哥的史塔拉斯克萊德大學（University of Strathclyde）土木與環境工程系擔任訪問教授。她在 2016 至 2017 年將接任國際影響評估學會會長，此前她也曾負責與其相關的各種領導職務。她創立並管理 SIAhub（http://www.socialimpactassessment.com），這是一個社會影響評估從業人員的線上平台。電子郵件地址：**amesteves@communityinsights.eu**

伊沙・奧肯普（Ilse Aucamp）**博士**，出生於南非。她是社會影響評估實務工作者，擁有環境管理碩士學位，也是合格的社工師，並且剛藉由探討「如何運用社會影響評估以促成社會發展」議題取得博士學位。她是「均視研究與諮詢服務公司」（Equispectives Research and Consulting Services）的主任，該公司專門從事社會研究和環境管理之社會面向。伊沙的執業範圍主要在非洲，在她的職業生涯中參與了上百個社會影響評估研究，包括許多採礦和大型基礎設施開發行為的研究。此外，她參加開發行為施作期間社會影響長期監測。她也在南非一些大學研究所教授社會影響評估課程。在國際影響評估學會中，她是南非國家執行委員會成員，也是其社會影響評估委員會前任會長。伊沙目前是南非環境權中心（Center for Environmental Rights）顧問，這是專門關注社會和環境正義的非政府組織。她認為，與草根社區協力合作是從事社會影響評估最有收獲的面向。電子郵件地址：**ilse@equispectives.co.za**

丹尼爾・法蘭克斯（Daniel Franks）**博士**，出生於澳洲，目前是昆士蘭大學（Queensland University）永續礦業研究所礦業社會責任中心副主任。他具備地質學、政策及社會科學的背景，研究與執業方向主要集中在「礦業和能源發展如何因應永續發展之挑戰」。從 2011 年以後，他就一直擔任國際影響評估學會的社會影響評估委員會共同會長，也是聯合國永續發展網路之良善開採與土地資源專題小組（Good Governance of Extractive and Land Resources Thematic Group）成員。他的學術出版品非常廣泛，也協助下列組織進行研究，包括聯合國開發計畫署、世界銀行、樂施會（Oxfam）、福特基金會、綠色和平組織、澳洲國際發展署（the Australian Agency for International Development）、國際礦業與金屬理事會與許多重要的礦業公司。他曾在智利的北天主教大學（Universidad Católica del Norte）、紐約哥倫比亞大學、東芬蘭大學（University of Eastern Finland）、西澳大學（University of Western Australia）擔任訪問講師。電子郵件地址：**d.franks@smi.uq.edu.au**

重點提示

社會影響評估（Social Impact Assessment）目前被視為是一種指認與管理開發行為之社會議題的過程，其中包含了受影響社區有效投入於識別、評估與管理社會影響的參與。社會影響評估主要仍是用於管制過程中的一項影響預測機制及決策工具，在給予開發許可之前考量其社會影響。儘管如此，同樣重要的是，社會影響評估也有助於持續管理社會議題，包括從構想到關廠的整個開發行為週期。如同其他所有實務（與論述）領域，社會影響評估形成了一個實務社群，擁有自己的理論典範、方法、案例歷史、預期的看法與價值。「何謂社會影響評估」這樣的問題，在既有的典範裡，已經形成一定程度的共識，因此不能簡化為字典上對「社會」、「影響」、「評估」等詞的表面解釋。這個典範就體現在《社會影響評估國際原則》（International Principles for Social Impact Assessment）與這本《指引》裡。

社會影響評估興起於 1970 年代，伴隨著環境影響評估（environmental impact assessment，英文簡稱 EIA，以下簡稱環評）出現，且一開始社會影響評估即是儘可能模仿環評。社會影響評估經常作為環評的一項環節，但多半成效不佳。然而，隨時間變遷，社會影響評估實務開始與環評分流，因為越來越多人理解社會議題根本上不同於生物物理議題。社會影響評估主要的工作，應該是改善對社會議題的管理，而非僅在於對決策結果有所影響。如果社會影響評估越受到提案與執行的開發單位（廠商與公部門開發機構）重視，社會影響評估就越能夠協助受影響社區取得較理想的結果。由於環境、社會與健康議題有相互的關聯，有必要執行綜合性評估，而且環境、社會與健康影響評估（environmental, social and health impact assessment，英文簡稱 ESHIA，本文簡稱環社健評）已漸成私人部門的標準作業。然而，早在開發行為被許可通過之前，社會影響就已浮現，其往往始於有關某項開發案的馬路消息。因此，開發案的構想成形之際，即應儘快開始處理社會議題（亦即進行社會影響評估）。

社會影響評估與環評之間有一關鍵性差異，即社會影響評估越來越重視促進受影響社區的權益。社會影響評估仍舊要確保負面影響被指認出來，且得到有效減緩，然而社會影響評估的另一項價值在於修正開發案及其輔助行動，以為社區謀求福祉。開發行為必須努力獲得「營運的社會許可」（social lience to operate），因為傳統的社會影響評估作法，是試圖將危害最小化，但這樣卻無法確保開發行為能獲得在地利害關係人的支持，也無法保證開發行為不會真的引發重大危害。開發行為如何造福鄉里，有許多方法，包括修正開發行為的基礎建設，以確保其可以為當地社區服務；提供社會投資資金，支援當地社會永續發展與社會願景規劃；提出策略性社區發展計畫；真誠地承諾儘可能提供在地成分的機會（僱用當地人與在地採購），包括移除障礙，讓在地企業能供應商品和服務，或是培訓與支援在地民眾。如果開發行為必得要重新安置（resettlement）民眾，必須確保他們安置後的生計能夠復原，甚至發展得更好。

用尊重的態度面對社區，是獲得「營運的社會許可」的關鍵。從開發行為介入的最早階段開始，有意義的、透明的和持續的社區投入（community engagement）不可或缺，如此才能建立信任和尊重。《社會影響評估國際原則》詳述了社會影響評估的基本價值與原則。既有的社會影響評估原則包括下列：社會影響評估和開發行為的目標，應是幫助社區的弱勢群體進行培力（empowerment）；性別的觀點應該用於所有的評估；尊重人權是所有行動的基礎。「企業與人權」論述的出現，尤其是《聯合國企業與人權指導原則》（United Nations Guiding Principles on Business and Human Rights）

通過後，意味著尊重人權是私人部門發展的基本責任。由於許多社會和環境影響都可以用人權來解讀，社會影響評估將會越來越受到重視。受影響人民是擁有法律權益的權利持有者，而對於企業而言，社會影響評估的價值在於降低其承受的風險，協助企業與時俱進能夠符合國際標準與良善作業標準。理想情況下，社會影響評估和綜合性的環社健評，應能處理所有與開發行為相關聯的重要人權議題。

社會影響評估相關的基本概念

本文件於最後提供了詳盡的詞彙表，然而，有些攸關社會影響管理的核心概念有必要先在此介紹說明。

「營運的社會許可」（Social Licence to Operate），指涉了利害關係人對企業活動的接受與支持程度，尤其是在地受影響的社區。處於領先地位的企業現在意識到，他們不僅要符合管制機關的規定，他們也需要考慮、甚至是滿足各種各樣利害關係人的期望，包括國際非政府組織和在地社區。如果不這麼作，企業面對的風險不僅是商譽和商機的損害，他們也可能面臨罷工、抗議、圍堵、破壞、法律行動，以及這些行為所導致的財務後果。在一些國家，「社會許可」已成為既定的商業用語，深刻地影響、甚至主導許多公司的經營策略，並且成為治理架構的一環。**更多資訊參考：**Boutilier, R.G. 2014 Frequently asked questions about the social licence to operate. *Impact Assessment & Project Appraisal* 32(4), 263-272. **http://dx.doi.org/10.1080/14615517.2014.941141**

「自由、事先與知情的同意」（Free, Prior and Informed Consent，英文簡稱 FPIC，以下簡稱知情同意權），是一道程序機制，最初為了確保原住民族的自決權而發展出來。在納入 2007 年《聯合國原住民族權利宣言》（United Nations Declaration of the Rights of Indigenous Peoples）和 1989 年國際勞工組織（International Labor Organization）的第 169 號公約之後，其地位獲得確立。在不同國家，知情同意權的法律定位有所差異，這取決於該國是否簽署上述國際協定，並將其有效納入國內法之中。「自由」意味著公司或政府在獲取利害關係人的同意時，必須沒有脅迫、騷擾、恐嚇或操縱；當社區說「不」時，不能對其採取報復行動。「事先」意味著，在社區土地上的任何開發行為開始之前，就已經取得同意，而且任何受影響的社區都能獲得充裕的時間，進行適當的考慮。「知情」意指必須充分揭露開發單位的計畫，而且是採用受影響社區可接受的語言及形式，使得每個社區獲得足夠的資訊和能力，能合理瞭解到這些計畫對於他們的涵義，包括他們將承受的社會影響。「同意」通常意味著社區應該能有真正的選擇，亦即：如果開發案會帶給他們正面的效益和發展機會，他們可以接受，而如果他們對提案並不滿意，也可以選擇拒絕，而且須有某一種可行的機制，用以確定整個社區內是否有形成了廣泛支持。然而現實中，知情同情權的落實仍充滿各種缺陷。在不同的程度上，知情同情權已被國際金融公司和其他國際組織採納作為必要條件。近年來，對於知情同意權的精神是否應被更廣泛地運用，彰顯對所有社區的尊重，以取得營運的社會許可，有越來越多相關討論。**更多資訊參考：**Buxton, A. & Wilson, E. 2013 *FPIC and the Extractive Industries: A Guide to applying the Spirit of Free, Prior and Informed Consent in Industrial Projects*. London: IIED. **http://pubs.iied.org/pdfs/16530IIED.pdf**

「人權為本的途徑」（a human rights-based approach），是一種概念與程序上的架構，以引導政策、方案、計畫、開發行為都能夠促進並保護人權。這種途徑是所有與人權有關的措施和行動的基礎，並且已廣泛運用，特別是關於健康和發展合作。其目標包括了：（一）將人權和其原則定位為行動的核心要素；（二）要求義務承擔者對於權利持有者的可課責性（accountability）與透明；（三）促進權利持有者的賦權和能力提升，特別是能要求義務承擔者負起責任；（四）確保開發過程和計畫性的介入裡，權利持有者能進行有意義地參與，且這應被視為他們其固有的權利，而不僅是業者遵從最佳實務的內容；（五）確保權利持有者能不被歧視地參與，特別是弱勢與邊緣化個體或群體（例如婦女、老人、兒童和青年、少數民族和原住民族）能被優先關照。**更多資訊參考：http://hrbaportal.org/**

「人權盡責調查」（human rights due diligence）是指《聯合國企業與人權指導原則》的要求，企業必須有「盡責調查」，即注意並確保其從事的商業行為、交易或收購沒有隱藏的人權風險，也就是說，對人群和社區的風險，不僅只考慮對企業的風險。由於許多社會影響也是人權影響，受影響的利害關係人是合法權利的持有者，社會影響與社會影響評估的重要性也更獲得彰顯。因此，社會影響是企業必須認真面對的重大事項。**更多資訊參考：**ICMM 2012 *Integrating Human Rights Due Diligence into Corporate Risk Management Processes.* **http://www.icmm.com/document/3308**

「非技術風險」（non-technical risks）是指開發行為所面臨的管理、法律、社會和政治問題，其相對於技術風險（亦即是物理、結構、工程和環境風險）。許多開發工作人員（以及他們缺乏社會意識的思維）往往只注重技術治理的面向，這意味著，技術風險通常被充分考量，而「非技術風險」卻少被考慮或完全遭到忽略。不過，由於地方社區可以採取抗議行動，「非技術風險」有可能使開發行為招致潛在的重大金融風險，因此應予以充分考慮和處理。**更多資訊參考：**Davis, R. & Franks, D. 2014 Costs of Company-Community Conflict in the Extractive Sector. **http://www.hks.harvard.edu/m-rcbg/CSRI/research/Costs%20of%20Conflict_Davis%20%20Franks.pdf**

「社會風險」（social risk）在不同討論中有相異的意義。在社會影響評估與企業報告的語彙中，「社會風險」大致等同於「非技術風險」，而且是較「非技術風險」更常採用的術語。世界銀行定義「社會風險」是「開發案介入所可能引發、強化或深化的不平等與社會衝突，或者是關鍵利害關係人的態度與行動，他們有可能破壞了開發目標的實現，或者說開發目標及其促成手段沒有獲得關鍵利害關係人的接納」。對世界銀行來說，「社會風險」既是影響開發案成敗的風險（或說是威脅），同時也是因開發行為所導致的風險（或者說社會議題），而反過來威脅到開發案。從企業內部來看，「社會風險」可以被視為因為開發行為之社會影響或社會問題所引發的營運風險（或者說是額外的成本），像是無法預估的減緩成本、未來的訴訟與賠償支出、工人罷工、破壞設備的報復行動，以及商譽損害。**更多資訊參考：** Kytle, B. & Ruggie, J. 2005 *Corporate Social Responsibility as Risk Management: A Model for Multinationals.* **http://www.ksg.harvard.edu/m-rcbg/CSRI/publications/workingpaper_10_kytle_ruggie.pdf**

「影響與回饋協議」（Impacts & Benefits Agreements，英文簡稱 IBA），或稱為「社區發展協議」（Community Development Agreements），是開發單位和受影響民眾經協商所達成的協議。有時候政府也參與其中，這些協議通常涉及開發單位和受影響的利害關係人兩造，而政府政策有可能促成或影響其簽定。協議通常包括可能剩餘影響（likely residual impacts）的報告、如何處理這些影響的規定、所承諾的回饋，以及將用於管理各方關係的治理過程。**更多資訊參考：** Gibson, G. & O'Faircheallaigh, C. 2010 *IBA Community Toolkit: Negotiation and Implementation of Impact and Benefit Agreements.* Toronto: Walter & Duncan Gordon Foundation. **http://www.ibacommunitytoolkit.ca**

「永續生計」（Sustainable Livelihoods）是指一種思考社區與人群的方式，並特別著重在他們的能力、謀生資源（資產、資本）以及他們用於維持生計與生活方式的謀生策略與行動。「生計」是指個人或家戶他們如何謀生，特別是如何取得必要的生活所需，例如衣食住行，並且維持社區生活。生計各個面向是相互依賴的，而且是附著於生物與物理環境。符合永續發展原則的生計，即是能夠應對壓力與衝擊並從中恢復（亦即具有「韌性」），並在現在和未來維持或提升其能力和資產，同時不破壞自然資源基礎。人們需要永續生計以維持生存，因此所有的開發介入需要考慮對人們生計的影響。**更多資訊參考：**Scoones, I. 1998 *Sustainable Rural Livelihoods: A Framework for Analysis*, IDS Working Paper 72. **http://mobile.opendocs.ids.ac.uk/opendocs/bitstream/handle/123456789/3390/Wp72.pdf**

「共享價值」（shared value）是一種關於企業角色的思考方式，企業應積極對待社會需求，而不僅是傳統認定的經濟需求，市場與公司之目的必須重新界定為創造共享價值，而不僅是為了股東的利潤，如此一來社會與公司都能獲得雙贏。這一觀點也承認，社會危害經常以社會風險的形態造成企業的成本，因此需要認真加以處理。**更多資訊參考：**Porter, M. & Kramer, M. 2011 Creating shared value. *Harvard Business Review* 89(1-2), 62-77. **http://www.fsg.org/Portals/0/Uploads/Documents/PDF/Creating_Shared_Value.pdf**; Hidalgo, C. et al. 2014 Extracting with Purpose. FSG. **http://www.fsg.org/tabid/191/ArticleId/1184/Default.aspx?srpush=true**

「赤道原則」（Equator Principles，英文簡稱 EP），是全球金融業的企業社會責任和永續發展之架構。更具體地說，赤道原則是金融機構（即銀行）的風險管理架構，以確定、評估和管理在世界各地各種工業部門的開發行為之環境和社會風險。這項原則的主要目的是履行「盡責調查」的最低標準，以促成負責任的風險決策。採用赤道原則的銀行，承諾在內部執行其在環境和社會政策、程序和標準、融資項目實施的原則，並同意「如果客戶不願意、或無法遵守赤道原則，就不提供開發案融資或與開發案相關的企業貸款」。在許多開發中國家的國際開發案融資，簽署赤道原則的銀行提供了絕大部分的資金。本質上，赤道原則是一組高層次原則；赤道原則的操作指引需要遵守「國際金融公司的績效標準」（IFC Performance Standards）。**更多資訊參考：http://www.equator-principles.com** 和 **http://www.ifc.org/performancestandards**

目錄

社會影響評估是管理的過程而非最終產物

《社會影響評估國際原則》將社會影響評估定義為「一種分析、監測及管理的過程，處理計畫性介入（包括政策、方案、計畫、開發行為）的意圖及非意圖社會結果，不論是正面或負面的，以及由這些介入所引發的任何社會變遷」。儘管社會影響評估能夠被應用在不同情況，且也有不少過往的案例，這份指引主要討論「開發行為」層級的社會影響評估運作，亦即計畫興建的基礎設施，例如機場、橋梁、分流道路、水壩、高速公路、礦坑、油管、港口、輸配電力線、風力發電場，也包括了商業化農牧與林業的發展、自然保育區之設置。這些開發案的規劃與興建可能造成許多社會影響。從早期階段開始，民眾通常擔心開發案可能會影響房價，也可能使民眾大規模移出，或者是反過來，外地人蜂擁而至（亦即所謂的「蜜罐效應，honeypot effect」)。

開發案有可能創造民眾的機會與獲益，但同時也可能導致有害的作用。一般而言，開發案不會只有好處或只有壞處，即使對於鄰近社區，成本及利益的分配也不是一致的。只說誰是贏家或輸家似乎區分得太簡單，因為人們可能在獲益同時也受害。在開發行為的不同階段，持續進行良善的管理有其必要性，這才能確保開發案的利益能極大化，負面影響可以有所避免或降到最低。社會影響評估是一種協助興利避險的過程。

由於社會影響評估會藉由改善在地社區與開發單位（公司或是政府）所獲成果，以管理開發行為的社會影響，並協助形成共享價值，因此不論是否為法律所要求，開發行為皆應落實社會影響評估。要使社會影響評估能適切地識別與管理社會影響，其所需要投注的關注程度，應符合開發案所帶來的衝擊與風險。早期的範疇界定（scoping）應能協助從業人員，理解所要付出的努力之相對程度。

過去傳統的社會影響說明書非常類似於環境影響說明書；但是更符合社會影響評估性質的文件應是「社會影響管理計畫書」（Social Impact Management Plan），以及包括「社區健康暨安全計畫書」、「安置行動計畫書」、「利害關係人參與計畫書」、「在地採購計畫書」等相關文件，這些計畫書能提供一套相互搭配的行動及程序來管理，以處理開發行為所產生出的社會議題。社會影響管理計畫書提出開發行為不同階段（包括關廠之後）所要採取的各種策略，以監測、回報、評估、檢視所導致的變遷，並且能夠積極回應。靈活的管理是因應社會影響的重要一環。越來越多的政府與開發案投資者要求社會影響管理計畫書。社會影響管理計畫書之撰寫，經常是因應開發行為影響說明書的審查要求，而且也會定期更新。在理想情況下，社會影響管理計畫書應該吻合企業的內部管理系統，提供資訊；或者，企業也可以設置一套社會影響管理系統，作為其整體規劃的一環。

更多關於「社會影響評估是管理的過程」參考：

Esteves, A.M., Franks, D. & Vanclay, F. 2012 Social impact assessment: The state of the art. *Impact Assessment & Project Appraisal* 30(1), 35-44. **http://dx.doi.org/10.1080/14615517.2012.660356**

Franks, D., Fidler, C., Brereton, D., Vanclay, F. & Clark, P. 2009 *Leading Practice Strategies for addressing the Social Impacts of Resource Developments*. St Lucia: Centre for Social Responsibility in Mining, Sustainable Minerals Institute, The University of Queensland. **http://www.csrm.uq.edu.au/docs/Franks_etal_LeadingPracticeSocialImpacts_2009.pdf**

Franks, D. & Vanclay, F. 2013 Social Impact Management Plans: Innovation in corporate and public policy. *Environmental Impact Assessment Review* 43, 40-48. **http://dx.doi.org/10.1016/j.eiar.2013.05.004**

Vanclay, F. 2003 International Principles for Social Impact Assessment. *Impact Assessment & Project Appraisal* 21(1), 5-11. **http://dx.doi.org/10.3152/147154603781766491**

社會影響是對民眾造成影響的所有事物

《社會影響評估國際原則》認定，社會影響包含所有與計畫性介入（例如某項開發行為）相關、而且會影響民眾或是與他們有關的各種議題，不論是直接或間接的。舉例來說，社會影響可以是實際經驗或感受，不論是感覺（認知）上，或身體上的（生理性的、物質性的）等，並且可能發生於任何層次，例如可能發生於個人、經濟單位（家族、家庭）、社會群體（朋友圈）、工作場所（企業或是政府機構）、或是社區／社會等層次。這些不同的層次會受影響本身或造成影響的行動，而有不同方式的衝擊。

由於「社會影響」被認為是與開發行為相關的任何事物，而且會影響或牽涉到任何利害關係人群體，因此，只要某個群體如此認定，幾乎所有事物都有可能是社會影響。舉例來說，環境影響也可能是社會影響，因為民眾依賴環境來維持生計，而且民眾對開發案選址場所有情感連結；對民眾健康及福祉的衝擊是社會影響；文化遺產、重要棲息地或生物多樣性之損失也可以是社會影響，因為這些對人們而言都是有價值的。因此社會影響評估應該處理和民眾相關的所有事物，以及他們的生活方式。這代表社會影響評估不能以一份潛在影響檢核表（checklist）開始，而是要理解開發行為如何衝擊利害關係人所認為的重要事物，如此才能真正識別出社會影響。話雖如此，BOX 1 仍列舉了若干社會影響，使讀者能有大概瞭解。

「社會變遷過程」與「社會影響」在概念上的區分是非常重要的。在社區裡，並非所有導致變遷的過程都必定會造成社會影響。舉例而言，適度人口增長不見得是負面的社會影響，在許多情況

BOX 1：什麼是社會影響？

社會影響涉及下列一種或多種變遷：

- **民眾的生活方式**：也就是他們如何生活、工作、娛樂及在日常生活中和他人互動。
- **他們的文化**：亦即他們共享的信念、習俗、價值、語言或方言。
- **他們的社區**：社區的凝聚力、穩定性、特色、所提供的服務以及所擁有的設施。
- **他們的政治系統**：民眾能夠參與影響他們生活的決策之程度、民主化的程度以及促成民主化所需要的資源。
- **他們的環境**：人們使用的空氣、水資源之品質、食物之取得與其品質、暴露於噪音、粉塵、威脅與風險的程度、合宜的衛生條件、生命安全及人們如何取用並且掌控資源。
- **他們的健康和福祉**：健康是生理、心理、社會及精神上的良好狀態，而不僅是沒有殘疾或疾病而已。
- **他們的個人權利與財產權**：尤其是當人們受到經濟衝擊，或遭遇不利個人的處境，甚至其公民自由受到侵犯的狀況。
- **他們的恐懼和心願**：他們對安全的感知、對社區未來的擔憂以及自身與下一代對未來的心願。

資料來源：Vanclay, F. 2003 International Principles for Social Impact Assessment. *Impact Assessment & Project Appraisal* 21(1), 5-11. **http://dx.doi.org/10.3152/147154603781766491**

中，可能有利於經濟成長及社會發展。另一方面，由於開發行為的緣故，未經規劃、迅速而大幅增加的人口（流入）可能造成許多社會影響。社會影響評估的任務在於，如何確保人口移入的過程是被事先預期、有充分準備、並且得到適當管理，將負面影響降到最低，而讓潛在利益極大化。

雖然有時候社會影響評估會被當成環境影響評估的社會形式，然而其中仍有許多不同之處。舉例而言，環境影響通常只在破土動工才會產生，但是社會影響在「將有事情要發生」的流言出現時就已產生。流言導致投機與各種炒作行為。在一些情況中——例如倍受排斥的工廠或其他不受當地歡迎的土地使用項目——不論流言是否有憑有據，或不論開發行為是否真的會發生，光流言散播就會加深民眾的恐懼及焦慮。就如同其他可以被感知到的社會影響，恐懼及焦慮都是民眾所實際經歷的，也應該得到良好的處理。

開發案件在社區投入的程度與有效性，將深刻地影響居民恐懼及焦慮的程度。實際經歷的社會影響程度主要取決於脈絡性的因素，例如所採用的參與機制是否有誠意，及所有利害關係人觀點在各種報告與減緩對策裡，所得到考慮和反映的程度

為社區帶來錯誤期待的開發行為也有可能導致社會影響，不論是開發單位員工蓄意承諾一些不會發生的事情，或是不善處理民眾期待，因而導致流言亂竄而升高情勢。舉例而言，開發單位應以務實的態度，坦誠告知可能可以提供給當地民眾的工作需求之數目及種類。如果他們從開發行為中所期待的利益並沒有實現，社區有可能覺得自己「被騙」了。如此一來，企業就不會受到信任，且也喪失了社會許可（social licence）。

本文件的後續討論（在工作項目十）中，社會影響很少是單一的因果關係，其中有複雜而交錯的影響路徑。健康、福祉、社會後果向來是由多重因素所決定影響的。舉例來說，因開發行為所導致的棲息地之物理變遷，可能改變病原體的生態環境，居住形態及生活方式的轉變導致了人們暴露於傳染媒介（如蚊子）的模式改變，因此使染病率甚至是致死率增加。工作型態的改變（尤其是輪班或長時間排班工作），不論是對勞工，或是勞工的家屬與小孩，皆可

能造成健康上的衝擊。睡眠疾病、憂鬱症、酗酒及藥物濫用、家庭暴力都和輪班工作有關。

另一須瞭解的重點是，開發行為幾乎皆會導致地方的通貨膨脹，這可能造成開發案員工及非開發案員工之間嚴重的對立。開發案員工會領到薪資，這通常可以說明通貨膨脹的速率為何成長（也會導致通貨膨脹），而其他民眾在沒有獲得額外收入的情況下，花費卻會提高。因此，開發行為無可避免地會加劇社區內的不平等，這也是為何開發行為應該積極促成在地社會投資的原因。在新興城鎮（boomtown communities）裡，開發案的吸引力可能導致沒有勞工想要從事低薪的服務性質工作。從其他部門（包含政府單位）挖角，也將導致員工高流動率和缺乏量能等嚴重問題。

關於「社會影響是對民眾造成影響的所有事物」更多資訊參考：

Fehr, R., Viliani, F., Nowacki, J. & Martuzzi, M. (eds) 2014 *Health in Impact Assessments: Opportunities not to be missed.* Copenhagen: World Health Organisation Regional Office for Europe. **http://www.euro.who.int/en/health-topics/environment-and-health/health-impact-assessment/publications/2014/health-in-impact-assessments-opportunities-not-to-be-missed**

Harris-Roxas, B. et al. 2012 Health Impact Assessment: The state of the art. *Impact Assessment and Project Appraisal* 30(1), 43-52, 2012. **http://dx.doi.org/10.1080/14615517.2012.666035**

ICMM 2010 *Good Practice Guidance on Health Impact Assessment.* **http://www.icmm.com/document/792**

IFC 2009 *Introduction to Health Impact Assessment.* Washington, DC: International Finance Corporation. **http://commdev.org/introduction-health-impact-assessment**

IFC 2009 *Projects and People: A Handbook for Addressing Project-Induced In-migration.* Washington, DC: International Finance Corporation. **http://commdev.org/files/2545_file_Influx.pdf**

Petkova, V. et al. 2009 Mining developments and social impacts on communities: Bowen Basin case studies. *Rural Society* 19(3), 211-228. **http://dx.doi.org/10.5172/rsj.19.3.211**

Vanclay, F. 2002 Conceptualising social impacts. *Environmental Impact Assessment Review* 22(3), 183-211. **http://www.sciencedirect.com/science/article/pii/S0195925501001056?via%3Dihub**

Vanclay, F. 2012 The potential application of Social Impact Assessment in integrated coastal zone management. *Ocean & Coastal Management* 68, 149-156. **http://dx.doi.org/10.1016/j.ocecoaman.2012.05.016**

Vanclay, F. (ed.) 2014 *Developments in Social Impact Assessment.* Cheltenham: Edward Elgar.

社會影響評估及管理與社會績效

在 1970 年代初期，社會影響評估和環境影響評估同時出現，當時主要是作為管制工具。在這之後，社會影響評估的執行方法一直不斷穩定地演進。隨著社會影響評估越來越獲得重視，社會影響評估從業人員的專業社群獲得發展，形成一套關於社會影響評估的論述場域。就如同所有的專業領域，對於議題的理解在該論述場域中逐步地發展。其中最重要的改變在於，已有越來越多人意識到要能夠因應社會影響，必須於開發行為的一開始便積極管理，而且是在早於尋求管制機關許可的時間點。另一項重要變化在於開始認知到，即使是那些不想要開發行為影響強加於其身的社區，他們想要成為共同開發的積極夥伴，而且也想要從私人部門的開發行為中獲利，共享價值因此格外需要被重視。另一項新的認識在於，今日的管制者與監測機構不只是政府機構，也包含在地和全球非政府組織（尤其是專門負責監督的非政府組織）、國際產業協會、金融保險產業及開發行為所影響的社區本身。國內立法仍舊維持一定程度重要性，國際產業協會，例如國際礦業與金屬理事會（International Council on Mining and Metals）、國際石油工業環境保護協會（International Petroleum Industry Environmental Conservation Association）、國際水力發電協會（International Hydropower Association）與金融機構（國際金融公司、遵守赤道原則的銀行）現在扮演了領導者的角色，設定新的標準。不符合這些國際標準的開發行為可能無法獲得融資和保險。不符合國際期待的開發行為可能會遭到抗爭、面臨法律上的挑戰和其他社會運動人士所施加的壓力。這意味著，開發行為需要向諸多的利害關係人爭取並維持其營運所需的社會許可，不同的利害關係人之間有相異、不必然互補的利益。單一個政府管制機構所賦與的許可是不足的。

社會影響評估在論述與實務上的改變，代表它有了更廣泛的意義，其所要完成的工作已不只是找出一些社會影響，遞交書面文件，以求獲得管制機構的許可。社會影響評估現在涵蓋不同性質的工作項目（見以下討論），這些都是與企業、開發行為、在地社區之間的互動相關。在企業界，這一系列的活動常被稱作社會績效（social performance），有別於為了取得管制機構許可的特定工作項目。

開發行為所涉及社會議題的管理，同時也是社會影響評估從業人員工作內容，可能包含以下項目。需要注意的是，這些項目並不是要同時間完成，社會影響評估從業人員在不同個案裡所需處理的項目，會取決於其特定的脈絡。

- 對可能造成的社會影響進行事前評估。
- 和環境影響評估團隊（及任何評估團隊）聯繫，並確保環境及生物多樣性影響之社會面向，以及社會變遷造成之環境與生物多樣性影響，都能納入影響評估及管理計畫書考量的範圍。
- 編纂社區基本資料（community profile）（即當地社會脈絡的描述）。
- 建立與決策相關的社會基準（baseline），此社會基準亦可用以記錄社會變遷（即收集主要的社會變項數據以記錄影響前的狀態）。
- 確認並執行計畫修正項目，採取其他行動以減緩社會影響。
- 規劃安置方式，如果沒有其他替代方案，需要補償將要承受經濟遷移的民眾。

- 提出「安置政策架構」(Resettlement Policy Framework)、「安置行動計畫書」(Resettlement Action Plan)、「生計恢復及促進計畫書」(Livelihood Restoration and Enhancement Plan),以確保這些措施被納入開發行為的發展計畫與時程。
- 盡到人權方面應盡之盡責調查(due diligence)與人權影響評估,有必要時,讓人權專家能夠參與。
- 提出增進開發行為效益的方法。
- 指認出利害關係人、標繪出他們的利益、關係以及開發行為與利害關係人潛在的雙向影響。
- 促進真正的社區參與過程,以符合自由、事先及知情同意之精神。
- 如果涉及原住民社區,在過程中協助他們,以符合自由、事先及知情同意之要求。
- 協助受影響社區瞭解擬議的開發行為之社會影響,以及其所代表的意義。
- 增進在地成分(local content)與在地採購之措施。
- 監測社會議題。
- 規劃並且落實社會投資活動。
- 建立適當的補償機制。
- 設計並實行申訴機制。
- 針對影響與回饋協議進行協商。
- 提出社會影響管理計畫書。
- 繳交管制機關所要求的文件。
- 識別出社會影響相關的議題與管理社會影響的義務,並且納入與開發案外包廠商所簽定的契約中。

- 提出績效標準遵循文件給金融機構（世界銀行、國際金融公司、多邊開發銀行、及遵守赤道原則銀行）。
- 針對社區、非政府組織、金融機構，進行盡責調查之評估，或稽核其社會績效。
- 協助關廠規劃。

作為一種管理社會議題的形式，社會影響評估（或者對於社會績效而言）涵蓋了相當廣泛的行動，並且可適用於開發案的整個週期。在實際執行過程中，管理社會議題的工作項目會由不同人士來負責。因此，構思與處理社會議題之責任，需要成為開發案的企業文化與職場文化的核心要素，就好像「安全」是每個人的責任一樣。儘管如此，仍需要安排專人來負責社會績效。許多社會績效的工作需要外包予顧問公司，交付給社會影響評估的專業人士。顧問公司的工作契約不太可能涵蓋上述以及本文件所提到的各項工作項目。儘管如此，本文仍提供了開發行為各階段要處理的社會議題之指引。而文中內容的關連性，會因人物及時間的不同而有所差異。

關於社會影響評估之組成元素的更多資訊，請參見本文件之其他部分以及下列參考文獻：

Esteves, A.M., Franks, D. & Vanclay, F. 2012 Social impact assessment: The state of the art. *Impact Assessment & Project Appraisal* 30(1), 35-44. **http://dx.doi.org/10.1080/14615517.2012.660356**

Esteves, A.M. & Vanclay, F. 2009 Social Development Needs Analysis as a tool for SIA to guide corporatecommunity investment: Applications in the minerals industry. *Environmental Impact Assessment Review* 29(2), 137-145. **http://dx.doi.org/10.1016/j.eiar.2008.08.004**

Franks, D. & Vanclay, F. 2013 Social Impact Management Plans: Innovation in corporate and public policy. *Environmental Impact Assessment Review* 43, 40-48. **http://dx.doi.org/10.1016/j.eiar.2013.05.004**

社會影響評估與開發行為每一個階段都有關聯

社會影響評估是管理開發行為相關社會議題的過程。在開發行為週期不同的時間點，社會影響評估要隨著持續變化的社會議題與社會關注進行調整。圖一說明常見的開發行為週期，指出社會影響評估在不同階段可能扮演的角色。重點在於，在每一個開發行為的階段裡，都有社會影響評估應扮演的角色。雖然一般常將開發行為當成線性發展的過程，然而事實上並非如此簡單直觀。開發行為不見得都從一個階段順利過渡到下個階段，有可能停滯在某一個階段，或甚至被迫回到先前階段。

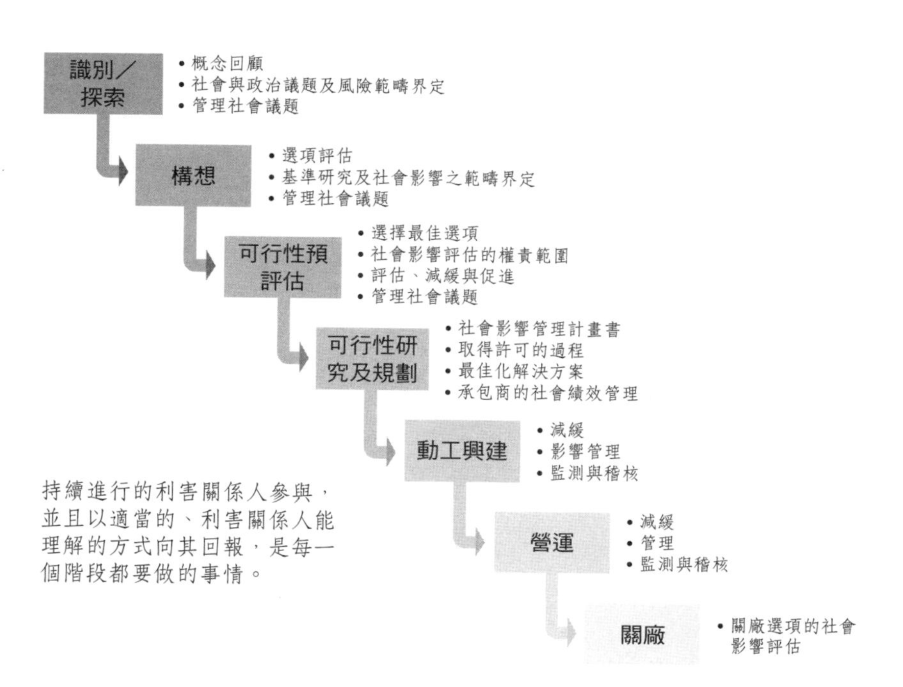

▲ 圖一：社會影響評估可運用於開發行為週期的所有階段

誰來委託、使用、進行社會影響評估？

社會影響評估可以被各式各樣的利害關係人，應用在各種不同的目標上。在傳統的環評模式中，儘管實際程序因法律規範情境不同而有所差異，但是基本上是由管制機關要求業者委託私人顧問公司，按照管制機關的規定，撰寫社會影響評估或環評報告書，有時候則需要正式的同儕審查過程。通常會有一段公眾評論期（public comment period），這些顧問公司必須回應公眾意見。許多非政府組織如果認為報告書不符合標準，可能會採取法律行動。這種管制模式往往成效不彰，因為業者對它非常反感而且也不想認真對待，且在開發行為規劃階段中，太晚才進行社會影響評估，所以無法實際影響開發行為，這也是因為管制機關沒有實施後續追蹤、監督其許可條件。若社會影響評估能於一開始就成為業者規劃與風險管理過程的主要環節，它其實可以發揮更有效的作用，影響開發行為的設計，並且為社區帶來較好的結果。雖然大部分的社會影響評估顧問都是幫助社區倡議與代言，然而開發單位與社區之間仍存在明顯的權力不對等。在開發單位與社區之間信任不足的情況下，一種可以使用的模式是由業者提供資金給在地社區，使他們能夠委託自己選定的影響評估顧問。立基於社區的社會影響評估有助於提供社區資訊。按理來說，這種模式能帶來符合自由、事先及知情同意的協商過程。

社會影響評估的階段和工作項目

關於社會影響評估過程的工作項目（task），有多種說法。一種看法認為社會影響評估與環境影響評估有著緊密關連，也有人認為社會影響評估就是環境治理系統的社會版，並且強調社會影響評估是反覆操作的過程，也是一種持續改善的過程。在此，社會影響評估的過程被描述為由四個階段組成，這四個階段大致上循序發生、但有時也會重疊（見圖二）。透過收集資料及分析，社會影響評估是一種學習過程，最初的假設及原初的瞭解有可能因新資訊而

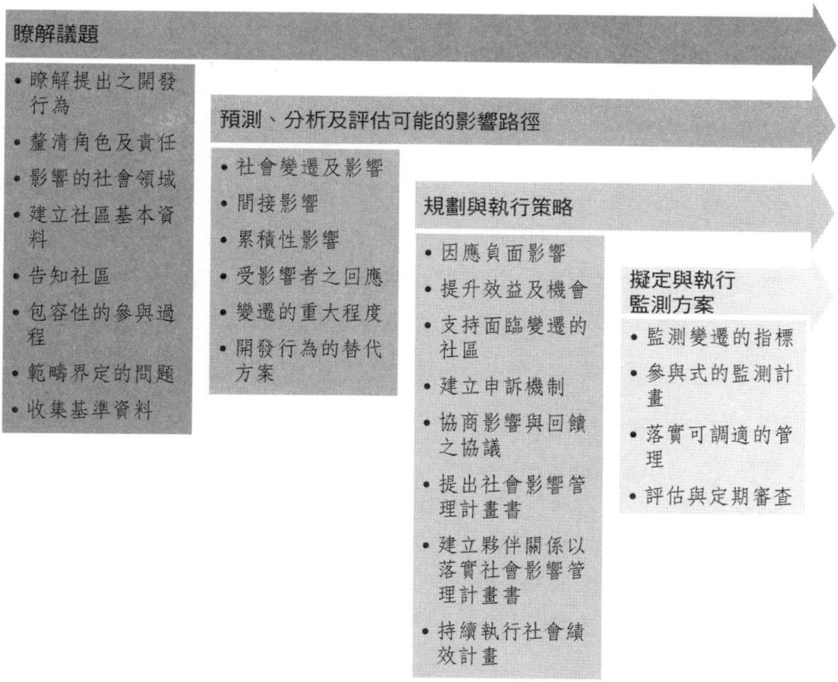

瞭解議題

- 瞭解提出之開發行為
- 釐清角色及責任
- 影響的社會領域
- 建立社區基本資料
- 告知社區
- 包容性的參與過程
- 範疇界定的問題
- 收集基準資料

預測、分析及評估可能的影響路徑

- 社會變遷及影響
- 間接影響
- 累積性影響
- 受影響者之回應
- 變遷的重大程度
- 開發行為的替代方案

規劃與執行策略

- 因應負面影響
- 提升效益及機會
- 支持面臨變遷的社區
- 建立申訴機制
- 協商影響與回饋之協議
- 提出社會影響管理計畫書
- 建立夥伴關係以落實社會影響管理計畫書
- 持續執行社會績效計畫

擬定與執行監測方案

- 監測變遷的指標
- 參與式的監測計畫
- 落實可調適的管理
- 評估與定期審查

圖二：社會影響評估的不同階段

需要修正，所以需要反覆驗證及更新的過程，像是透過開發單位與利害關係人（尤其是與受影響社區）之間持續進行的協商。

良善的社會影響評估執行基本上牽涉到 BOX 2 列出的所有工作項目。這些工作項目的呈現大約是按照時間順序，但我們應該格外留意這些工作項目彼此相關，且因為在社會影響評估過程中，資訊是不斷累積的，早期關於範疇、影響地區、利害關係人之決定，有可能需要根據新發現的資訊而重新評估。因此，這是一種反覆的過程。在此羅列出社會影響評估包括的工作項目，之後在本文會有詳細的說明。

BOX 2：社會影響評估的二十六個工作項目

階段一：瞭解議題

1. 對所提出開發行為有充分瞭解，包含因開發行為興建與營運所需的輔助行為。
2. 釐清所有參與社會影響評估或與其相關的責任及角色，包括與其他專家研究的關係，確認國內法律與國際指導原則有被遵守。
3. 辨識出開發行為「影響的社會領域」、可能影響或受益的社區（無論是鄰近的或遠距離的）以及其利害關係人。
4. 藉由建立社區的基本資料，充分瞭解可能受開發行為影響的社區，其中包含：(1) 完整分析利害關係人、(2) 探討其社會政治背景、(3) 評估受影響社區之次級群體的相異需求、利益、價值及期望，且也要納入性別分析、(4) 評估社區的過往影響，也就是他們對過去開發行為及其他歷史事件的經驗、(5) 探討社區正在發生的趨勢、(6) 探討社區的資產、優勢及劣勢、(7) 斟酌採用意見調查。此工作項目通常稱作「建立社區基本資料」。

5. 關於下列諸點，要充分告知社區成員：(1) 開發行為、(2) 其他地方的類似開發行為，好讓他們可以瞭解將會如何受到影響、(3) 他們如何參與社會影響評估、(4) 在既有的管制架構與社會績效架構下，他們對於開發行為的程序性權利、(5) 他們的申訴及意見回饋機制。
6. 設計出包容性的參與過程和審議空間，以幫助社區成員：(1) 瞭解他們會如何受到影響、(2) 判定可能影響及所提出效益是否可以被接受、(3) 在被告知開發行為內容之後作出決定、(4) 協助社區構思未來願景、(5) 協助減緩與監測計畫、(6) 為變遷作好準備。
7. 識別出需要被關切的社會議題與人權議題（亦即範疇界定）。
8. 根據主要的社會議題，收錄相關的基準資料。

階段二：預測、分析及評估可能的影響路徑

9. 透過分析，判定開發行為及其不同替代方案可能導致的社會變遷與影響。
10. 詳盡地考慮間接（或者說二階或更高階）的影響。
11. 考量開發行為對於接納社區造成的累積性影響。
12. 判定不同的受影響群體與社區可能的回應方式。
13. 確定預期變遷的重要性（亦即是將其排序）。
14. 積極主動地設計規劃與評估開發行為替代方案，包含不開發及其他選項。

階段三：規劃與執行策略

15. 識別出處理可能的負面影響之方法——藉由使用減緩措施層級。
16. 規劃並執行促進與開發行為有關之利益與機會的方法。
17. 規劃支援社區因應變遷的策略。
18. 規劃並執行適當的回饋與申訴機制。

19. 促進社區與開發單位之間的協商過程，草擬「影響與回饋協議書」。

20. 協助開發單位促進利害關係人投入草擬社會影響管理計畫，以落實影響與回饋協議書中所同意的利益、減緩措施、監測安排及治理架構，以及處理任何可能發生之持續、非預期議題的方案。

21. 研擬程序，讓開發單位、政府機關、公民社會利害關係人能落實社會影響管理計畫以及影響與回饋協議的安排，在這些不同團體之內，規劃並嵌入各自的管理行動計畫於其組織之中，並且在整個行動計畫執行過程中，確認不同角色及其職責，並且持續進行監測。

22. 協助開發單位規劃並落實進行中的社會績效計畫裡，處理社會影響管理計畫書所要求的承包商責任。

階段四：擬定與執行監測方案

23. 規劃指標以監測不同時期的變化。

24. 研擬參與式監測計畫。

25. 考量如何落實調適性管理和社會管理系統。

26. 進行評量與定期審查（查核）。

好公司，做社評；做社評，公司好

社會影響評估的目標在於確保民眾及社區能獲得更好的發展結果，如果企業及其他行動者也可看見採用社會影響評估所帶來的好處，這樣目標就較容易達成。因此，為達成社會影響評估的目標，也就是將受影響社區的危害降到最低，而且將其利益極大化，無論法律上是否有要求進行社會影響評估，社會影響評估都有必要被整合進入（或是影響）企業的運作過程與時程規劃。如果企業看見社會影響評估的價值，他們就會全心投入社會影響評估，真誠地落實減緩影響與提升效益的策略。

在某些法律體系下，社會影響評估有可能是法定程序。儘管如此，也有支持社會影響評估的道德及規範性的說法，因為社區期待企業能適當採取社會影響評估。也因此，社會影響評估成為了企業社會責任的一環，社會影響評估就是該作的事情。然而，這種說法是帶有利他主義的理由，對於認定企業的責任即是在合法範圍內極大化股東報酬的企業而言，這不盡然具有說服力。同樣地，如果採用更利己主義的說法，也是說公司要進行社會影響評估才能爭取到營運的社會許可，也並不必然能說服企業主管，因為這種思考方向下，社會影響評估只被當成用來取得社會支持及認可的成本費用。如果被當成一種成本，企業總是會企圖減少支出，尤其當社會影響評估的成本與取得社會支持的回報之間，沒有可以清楚察覺或能被輕易證實的直接關連性。相對於此，我們認為適當落實社會影響評估不應視為成本，而是一項風險管理的投資。社會影響評估識別出潛在議題，減少因為訴訟、取得許可的延宕、處理抗議行動的支出、因應針對員工或資產的暴力行為、商譽毀損等等各種未來成本與支出。風險的減少就是減少了資本的支出，因而增加股東的價值。

社會影響評估有可能發掘在地知識，而在地知識會有助於引導開發行為的選址決定，並減少因為不當的選址所招致的企業成本。技術調查及模型預測當然可以得到很多資訊，但當地民眾的生活經驗卻無可取代。有了在地社區的正面支持，對開發行為的進展將有重大協助。

社會影響評估可以幫忙建立在地人力與物資供應的基地。如果在開發案附近擁有稱職的員工及供應商，就能降低運輸、後勤及庫存成本，並減少供應鏈效率的不足。支持繁榮、健全、且為具吸引力的生活與工作地點之社區的發展，有助於吸引並且維繫高素質的員工。除此之外，如果社區和政府相信企業可以造福社區，就較有可能避免要求企業增加社會投資和提高課稅。這些原因說明了合宜的社會影響評估，是具有良好的商業意義。社會影響評估為所有企業驅動力增加價值（見圖三）。

開發行為的社會影響評估與管理之指引

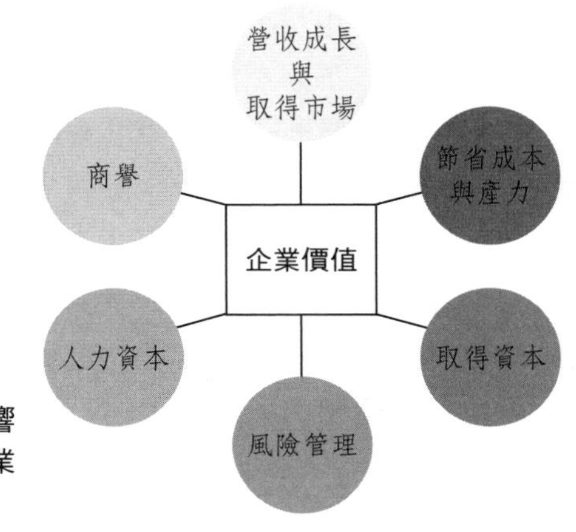

➤ 圖三：
圖示呈現社會影響評估所附加的企業價值驅動力

社區資本

▲ 圖四：社區資本

資料來源：康奈妮亞·巴特勒（Cornelia Butler），美國農村發展中北部區域中心（North Central Regional Center for Rural Development）（授權使用）

關於企業進行社會影響評估的好處之更多資訊，請參見：

Davis, R. & Franks, D.M. 2014 *Costs of Company-Community Conflict in the Extractive Sector.* Corporate Social Responsibility Initiative Report, John F. Kennedy School of Government, Harvard University, Cambridge, MA. **http://www.hks.harvard.edu/m-rcbg/CSRI/research/Costs%20of%20Conflict_Davis%20%20Franks.pdf**

Franks, D.M., Davis, R., Bebbington, A.J., Ali, S.H., Kemp, D., Scurrah, M. 2014 Conflict translates environmental and social risk into business costs. *Proceedings of the National Academy of Sciences* 111(21), 7576-7581. **http://www.pnas.org/cgi/doi/10.1073/pnas.1405135111**

IFC 2010 Strategic Community Investment: *A Good Practice Handbook for Companies Doing Business in Emerging Markets*. Washington, DC: International Finance Corporation. **http://www.ifc.org/wps/wcm/connect/f1c0538048865842b50ef76a6515bb18/12014complete-web.pdf?MOD=AJPERES**

Sohn, J. (ed.) 2007 *Development without Conflict: The Business Case for Community Consent.* Washington, DC: World Resources Institute. **http://www.wri.org/publication/development-without-conflict**

SociaLicense.com 2014 website: **http://www.socialicense.com**

所有開發行為的目標應為永續社會發展

當企業獲得在某地經營的法律核准，他們也須尋求並維持營運的社會許可，尤其是對於來自國外的跨國企業而言。要取得社會許可，對於國家，以及更重要的，對於營運所在的社區，企業就必得有積極貢獻，而不只是繳納需要支付的稅金與權利金。企業之所以能夠取得營利的機會，是來自於公司的投資促成了地主國與在地社區的社會發展。企業獲得的回報，即是他們被視為可信任的社會責任企業，也是所謂「優質首選的開發單位」(developer of choice)，這會帶來商譽及取得其他市場的利益，而這也就是共享價值的主張之一。

為取得並維持真正的社會許可，開發行為需要考量其對社會發展的貢獻。社會發展的意義不只是提供一些工作，或資助設立新學校及蓋游泳池，開發行為需要與在地社區成為夥伴關係，形成一股推動正面社會變遷與帶來益處的社會發展之力量。社會發展應該是一種有規劃的社會變遷參與過程，其目標在於促進社區整體福祉，尤其是針對區域中脆弱的、弱勢的或邊緣化的群體。社會發展不只對個人本身有益，也有助於促進制度與社會的變遷、減少社會排斥及社會分化，提倡社會包容性與民主化，提升制度及治理的能力。社會發展不只是著眼於問題及匱乏，而是更專注於強化民眾及制度的能力。儘管如此，企業的介入應保持清楚而且目標明確，以避免企業吸納或佔據了地方政府的角色及職責。

社會投資即是開發行為對在地社區所提供的金錢與實物貢獻，其目的是為了社會發展。理想的情況而言，這些資源不應浪費於無法永續的項目或是不務實的願景清單（wishlist items），而應為達成社會發展結果有所貢獻。這意味著要有評估過程，選擇社會投資項目，並且排定優先順序。所謂「策略性社會投資」（strategic social investment）的概念，是指除了協助在地社區獲得社會發展成果以外，還要有企業提供資金，以促成與企業有關的商業活動。職業培訓方案能建立在地的勞動技能，他們就能提供開發行為所需要的勞動力與服務，這就是共享價值的明顯例子之一。

社會發展的目標會依據應用的脈絡不同而有所區別，而這些目標的識別應是由社區主導的參與過程。一般來說，聯合國永續發展目標（Sustainable Development Goals）（見圖五）應是值得考量的範圍之一，識別並評估社會投資可能的選項，需要考量在地社區的優勢與劣勢。一種經常採用的架構即是「社區資本途徑」（coummunity capitals approach）（有時稱作金字塔模型），這個架構提供了「永續生計途徑」（Sustainable Livlihood Approach）（及其相似形態）之基礎（見 BOX 3 及圖四）。永續生計途徑考量人們的能力、生計資源（資產及資本）、生計策略（活動）等民眾謀生並維持其生活形態的方式。社會投資策略的評估也可以考量這些資本，及如何增加其中若干種資本，來增進社區整體的福祉。

▲ 圖五：永續發展目標

資料來源：聯合國永續發展目標網站 http://sustainabledevelopment.un.org/

BOX 3：資本或資產的種類

說明：資本（資產、資源）具有多種形式，以及不同分類與定義的方法，應因地制宜決定各種資本是否應該納入考慮。個別的資本形態是比擬性的用法，應從寬認定，而不是嚴格的定義或以狹隘的眼光來解釋。資本的概念可應用在分析的不同層級上，資本可以用在個人、家庭、在地社區或區域上。資本途徑，原先是為瞭解在開發中國家當中，貧窮鄉村社區中的個人生計策略，所提出來的分析方式，於現今應用的情況非常廣泛。

- **自然資本**：包含環境提供資產的存量與流量（即生態系統服務），如糧食、農業資源、森林資源、礦產、土壤、水資源、濕地及魚類資源等。
- **物理資本（同時也稱作被生產出來的、被製造的或營造的資本）**：包含設備存量、廠房（如工廠）、基礎建設（如道路、機場、醫院及學校），以及其他由個人、企業部門、或國家本身所擁有的生產性資源，也包括使其運作之所需管理系統。
- **金融資本**：民眾可取得的金融資源，如存款或信貸的取得，同時也代表人們所擁有的任何負債或貸款。
- **人力資本**：包含民眾所享有的不同層級知識、技能、正式教育、個人健康及營養，以及他們的動機及性向。
- **社會資本**：有時單純定義為社會網絡及社會信任，同時也包含社會規則、規範、義務及附著於社會關係、社會結構及制度安排的互惠約定。
- **政治或制度資本**：是指社會治理機制之存在以及其有效運作（即量能），無論是對於政府機構本身，抑或是其所運用與執行的標準、規則與規定。
- **文化與精神資本**：包含人們對世界及其所處位置的瞭解，及如何在當中進行活動。也包括地方文化、傳統及語言等如何促成或是阻礙了福祉、社會包容及社會發展。精神資本可協助維持不同資本之間的平衡，並且保持與「賦予生命意義的深度價值或事物」之間的聯繫。文化資本決定了哪些意見要被聆聽、哪些意見在哪個領域產生作用、以及創意、創新與影響如何浮現以及培養。

關於社會發展與社會投資的更多資訊，請參考：

Community Toolbox online resource: **http://ctb.ku.edu/en/table-of-contents**

Emery, M. & Flora, C.B. 2006 Spiraling-up: Mapping community transformation with community capitals framework. *Community Development: Journal of the Community Development Society* 37(1), 19-35. **http://dx.doi.org/10.1080/15575330609490152**

Esteves, A.M. & Vanclay, F. 2009 Social Development Needs Analysis as a tool for SIA to guide corporate-community investment: Applications in the minerals industry. *Environmental Impact Assessment Review* 29(2), 137-145. **http://dx.doi.org/10.1016/j.eiar.2008.08.004**

Flora, C.B. et al. (no date) *Community Capitals: A Tool for Evaluating Strategic Interventions and Projects.* Ames: North Central Regional Center for Rural Development, University of Iowa. **http://wp.aae.wisc.edu/ced/wp-content/uploads/sites/3/2014/01/204.2-Handout-Community-Capitals.pdf**

Hallam, A. 2012 *Scottish Government Investment in Rural Community Development: A Community Capitals Approach.* Edinburgh: Scottish Government. **http://www.scotland.gov.uk/Resource/0038/00389818.pdf**

ICMM 2012 Community Development Toolkit. **http://www.icmm.com/community-development-toolkit**

IFC 2010 *Strategic Community Investment: A Good Practice Handbook for Companies Doing Business in Emerging Markets.* Washington, DC: International Finance Corporation. **http://www.ifc.org/wps/wcm/connect/f1c0538048865842b50ef76a6515bb18/ 12014complete-web.pdf?MOD=AJPERES**

Midgley, J. 2014 *Social Development: Theory and Practice.* Los Angeles: Sage.

Owen, J. & Kemp, K. 2012 Community development in mining assets, capitals, and resources: Frameworks for corporate community development in mining. *Business & Society* 51(3), 382-408. **http://dx.doi.org/10.1177/0007650312446803**

Pawar, M. & Cox, D. (eds) 2010 *Social Development: Critical Themes and Perspectives.* New York: Routledge.

Porritt, J. 2005 *Capitalism as if the World Matters.* London: Earthscan.

Scoones, I. 1998 *Sustainable Rural Livelihoods: A Framework for Analysis*, IDS Working Paper 72. **http://mobile.opendocs.ids.ac.uk/opendocs/bitstream/handle/123456789/3390/Wp72.pdf**

Wang, C. 2012 *A Guide for Local Benefit Sharing in Hydropower Projects.* Washington, DC: World Bank. **https://openknowledge.worldbank.org/handle/10986/18366**

World Bank 2010 *Mining Foundations, Trusts and Funds: A Sourcebook.* Washington, DC: World Bank. **http://siteresources.worldbank.org/EXTOGMC/Resources/Sourcebook_Full_Report.pdf**

應當考慮人權

聯合國所定義的人權即是「個人及群體的普遍性法律保護，避免侵犯基本自由及人類尊嚴之行動」。人權主要保障人們的基本需求。普遍性原則適用在所有的人士，只要是人都享有人權。無差別待遇是人權論述的重點之一，這意味著持有權利的特殊群體，尤其是弱勢的民眾、婦女、小孩、原住民，及其他邊緣化群體，需要受到特別關注，好讓他們享有人權。人權被視為彼此相關的、不可讓渡及不可分割的，所有的人權都有平等的位階，並且都應被遵守。

《聯合國企業與人權指導原則》（United Nations Guiding Principles on Business and Human Rights，英文簡稱 UNGP，下簡稱指導原則）在 2011 年獲得通過之後，企業尊重人權的責任已經獲得確認。這項責任要求企業履行盡責調查，以識別出任何他們涉及到的負面人權影響。盡責調查（due diligence）是一項企業採用的過程，以「認識並展現」其對於人權的重視，其包含：（一）作出投入人權政策的承諾、（二）評估人權影響、（三）將評估過程之發現納入企業管理系統，監測及追蹤其績效、（四）公布並且宣傳其所採納的盡責調查措施，以及該措施在識別與因應影響之成效。最重要的是，企業應要識別出並且處理的負面影響，不只包含企業造成或導致的影響，也包含間接來自於開發行為的營運、商業關係涉及的產品或服務之影響。這意味著，企業不能因為其營運相關的第三方，而成為人權侵犯的共謀，而且當企業發現第三方所造成的人權影響，應積極施壓或發揮影響力，以避免影響到人權，或將對人權的影響降到最低。這樣的處置應被當成企業的風險識別與管理之一環。盡責調查同時也要求，企業應設置內部機制或在適當管道共同合作，設法彌補所涉及的人權侵犯。在開發行為的層級，這包含設置社區申訴機制，以有效處理任何社區成員所提出的申訴案件。在管理人權影響方面，企業也應該要有持續改進的過程。

《指導原則》第 12 條原則勾勒了遵守人權的最低標準：「企業尊重人權的責任指的是國際公認的人權，在最低限度上，可理解為《國際人權憲章》（International Bill of Human Rights）以及關於國際勞工組織（International Labor Organizatino）《工作中基本原則和權利宣言》（Declaration on Fundamental Principles and Rights at Work）中所載明各項基本權利」。國際勞工組織在其《工作中基本原則和權利宣言》所提出四項原則，包括：（一）結社的自由以及團體協商權利之有效承認、（二）消除所有形式的強迫及強制勞動、（三）完全廢除童工、（四）消除關於就業與職業之歧視（ILO 1998, online）。《指導原則》也提到，視接納國與母國之情況，企業可能需要考量其他更多的標準。

許多社會影響能用人權方式來加以理解，例如受開發行為影響的個人與社區，其實是合法權利的持有者，他們的權利也包括了能夠尋求法律救濟，以處理其人權影響的權利。因此，當開發行為造成了社會影響，即是有可能違反要恪守人權價值的責任。因此，社會影響茲事體大，社會影響評估也顯得格外重要。

《指導原則》強調，企業需要有效彌補因其行動或營運所導致的人權影響之受害者。根據《公民與政治權利國際公約》，獲得彌補應被保障的權利。潛在的與實際的受害者應有採取法律管道的權利，儘管如此，開發行為層次的申訴機制能扮演重要角色，及早識別出不滿、避免衝突升溫，並且提供有效解決方式。

權利持有者本來就能主張其權利，這一點是需要謹記於心的。這就表示，他們應被充分告知其權利，知道有哪些可以採取的救濟管道。要確保人權被彰顯，而且民眾知道如何主張其權利，這主要是政府的職責。儘管如此，企業也可以有所貢獻，以對於鄰近社區的權利意識有所貢獻。

人權為本的途徑（human rights-based approach）、人權影響評估（human rights impact assessment）、社會影響評估，三者是有所不同的：在以往，社會影響評估通常沒有系統性處理人權議題。然而，在獲得 2011 年《指導原則》採納之後，人權現在為應用於企業的國際標準之一環，因此，除非已經有了一份獨立進行的人權影響評估，最良善的社會影響評估應在所有情況下充分考量人權議題。為了因應人權原則之採納，社會影響評估從業人員的專業能力必得擴大，以涵蓋所有與人權有關的領域，包括勞工權利、童工、強制勞動與結社自由。

關於人權的更多資訊，請參考：

United Nations 2011 *Guiding Principles on Business and Human Rights.* **http://www.ohchr.org/Documents/Publications/GuidingPrinciplesBusinessHR_EN.pdf**

United Nations 2012 *The Corporate Responsibility to Respect Human Rights: An Interpretive Guide.* **http://www.ohchr.org/Documents/Publications/HR.PUB.12.2_En.pdf**

DIHR & IPIECA 2013 *Integrating human rights into environmental, social and health impact assessments: A practical guide for the oil and gas industry.* **http://www.ipieca.org/sites/default/files/publications/Integrating_HR_into_environmental_social_and_HIS_0.pdf**

European Commission 2013 *Oil and Gas Sector Guide on Implementing the UN Guiding Principles on Business and Human Rights.* **http://ec.europa.eu/enterprise/policies/sustainable-business/files/csr-sme/csr-oag-hr-business_en.pdf**

Götzmann, N. 2014 *Human rights and impact assessment: Conceptual and practical considerations in the private sector context.* Copenhagen: Danish Institute for Human Rights. **http://www.humanrights.dk/publications/human-rights-impact-assessment**

International Business Leaders Forum & IFC 2011 *Guide to Human Rights Impact Assessment and Management* (*HRIAM*). **http://www.ifc.org/hriam**

Kemp, D. & Vanclay, F. 2013 Human rights and impact assessment: clarifying the connections in practice. *Impact Assessment & Project Appraisal* 31(2), 86-96. **http://dx.doi.org/10.1080/14615517.2013.782978**

Rio Tinto 2013 *Why Human Rights Matter.* **http://www.riotinto.com/documents/ReportsPublications/Rio_Tinto_human_rights_guide_-_English_version.pdf**

Shift and Mazars 2015 *UN Guiding Principles Reporting Framework with Implementation Guidance.* **http://www.ungpreporting.org/**

Taylor, M., Zandvliet, L. & Forouhar, M. 2009 *Due Diligence for Human Rights: A Risk-Based Approach.* Corporate Social Responsibility Initiative Working Paper No. 53. Cambridge, MA: John F. Kennedy School of Government, Harvard University. **http://www.hks.harvard.edu/m-rcbg/CSRI/publications/workingpaper_53_taylor_etal.pdf**

應認可原住民的、傳統的、部落形態的及其他與土地緊密連結的人民並給予特別關注

「原住民」(indigenous peoples)是在全世界所廣泛使用的集合名詞，然而這個概念卻很難定義，也有一些原住民團體或是其他利害關係人（尤其是在特殊地區脈絡下），偏好使用一些大致上相同的名稱，例如部落群體（tribal groups）、第一民族（first peoples or first nations）、原住民（aboriginal peoples）、少數族群（ethnic minorities）、阿迪瓦西人（adivasi）（按：南亞的少數民族之一）、傳統民族，**或是**採用職業或地理的名稱，例如狩獵採集人、漁業社區、馴鹿人（reindeer herders）、遊牧民族（nomads）、農民（peasants）、山地人（hill people），**或是**他們使用官方所指定的稱呼方式，例如（印度憲法所承認的）法定部落（scheduled tribes）。在某些非洲國家，因有著殖民統治的意涵而強烈反對「原住民」這個概念。而在其他國家，尤其是中南美洲，原住民的定義因為黑人奴隸逃跑（Maroons）的問題而變得更複雜。逃跑的奴隸後代曾建立許多不同的社區，隨著時間過去，他們發展出一種獨特的文化及認同。所謂的族群起源（ethnogenesis）之概念是指，一群宣稱與更廣大社會有所不同的社會文化傳承之群體是如何出現的，在過去他們的差異是沒有被承認的。有鑑於這些零零總總的複雜情況，要採用某個單一詞彙，並且提出一項放諸四海皆準的定義，是窒礙難行的。儘管如此，無謂是採用哪一種稱呼，在全世界約九十個國家之中，都有相異於主流文化認同之民族，而且他們往往與土地有強烈的情感連結。根據聯合國估計，這樣的民族在全球超過三億七萬人的人口，他們使用四千多種語言。為行文便利，本文（就如同在大多國際文件）將他們通稱為「原住民」，只有在特殊脈絡下會使用特定的稱呼。

儘管可以廣泛通稱為「原住民」，其中還是有相當大的差異，不僅只在語言及文化有所不同，基本信仰、治理結構、宇宙觀、生活方式及生計也有形形色色的差異。儘管如此，原住民通常具有下列諸多特性，但不見得每一群原住民都同時具備這些特性：

- 自身認同為原住民（或者說，至少認定為特定文化群體之一員），其他採取同樣認同的人們也接納這樣的主張；
- 對土地、領域及相關自然資源有強烈情感連結（strong link）；
- 不同的社會、經濟或政治制度；
- 不同的文化（或者說，至少是一套價值與信仰），也有可能具有一種獨特語言；
- 他們形成了有別於主流社會的社會群體；
- 他們有決心要維持與延續其承傳下來的環境與系統，世代延續其殊異的民族與社區。

因為原住民對土地的特殊連結（special ties），他們經常遭受到與土地或自然資源有關的開發行為之影響衝擊，他們往往賴其為生，而且有文化連結。在世界上的貧窮人口、低度健康與福祉指標群體中，原住民的比例過高。有兩份關鍵性的國際協議與原住民有關，國際勞工組織在 1989 年通過《關於獨立國家中原住民及部落民族之公約》（Convention concerning Indigenous and Tribal Peoples in Independent Countries）（第 169 號公約），以及 2007 年的《聯合國原住民權利宣言》（United Nations Declaration on Rights of Indigenous Peoples）。這些文件強調原住民和世界上其他人民同樣享有基本人權，然而，由於原住民對土地的特殊連結、以及他們的脆弱性，他們應獲得特殊考量用以確保其權利受到尊重。這些文件提到集體權利的觀念；由於大部分的人權都附著於個人，集體權利就是為了保護原住民的特性，因為這些特性只能以作為群體之一分子而存在。這些集體權利通常確保原住民可以維護他們的文化、行使自決的權利，並以與眾不同的社會文化群體之方式延續生存。自決的集體權利規定了，原住民能自由決定其政治地位、經濟、社會及文化的發展。另一個與此相關的權利即是，原住民有權以特別群體的方式過著自由、和平及安全的生活，不能夠遭受任何試圖或有可能泯滅其特殊群體身分之行動。

在這兩份文件中一項重要概念是「自由、事先與知情同意」（簡稱知情同意權）。知情同意權是一項體現尊重原住民自決的原則，並且確保有效承認、尊重與保護權利的一種過程。根本上來說，這是一種尊重社區參與的原則。雖然知情同意權一開始是在原住民權利論述中出現，有些評論家認為這是可以運用於所有社區參與的一種適當原則，尤其是如果開發行為想要取得營運的社會許可。**自由**，意指沒有受到政府或企業的強迫、恐嚇、騷擾及操控，而且拒絕同意開發行為的社區不會遭到報復或威脅。**事先**，意味著在社區土地開始採取行動之前，就應獲得同意，而且任何受影響的社區都要有充分時間進行適度考量。**知情**，則是要充分揭露開發單位之規劃，而且要以一種受影響社區可以接受的用語與方式。此外，每個社區都要能合理地瞭解這些規劃對於他們的意義，包含他們可能經歷開發行為之社會影響。要花時間促成能量建構（capacity buiding），也是確保滿足知情同意的條件之一。**同意**，代表著社區是享有真正的選擇，如果他們不滿其條件就可以拒絕，而且需要有一種可運作的機制，以判定整個社區有廣泛同意，而不只是社區內一小群菁英的決定。

知情同意權的精神是一種展現尊重的處世態度，要如何在法律與實務上落實卻帶給開發行為、社區、政府等利害關係人不少挑戰，尤其是關於同意的確認問題。國際金融公司指出，知情同意權並不需要無異議通過，只要有「社區廣泛的支持」（broad community support）。同時，或許和一般常識所瞭解的相抵觸，同意並不是被視為享有否決權。某些國際組織認為，同意是一種知情同意權所要達到的目標，而不是絕對需求。儘管知情同意權是採用法學語彙，以誠心對待社區，就是要賦予原住民或非原住民社區有能力執行知情同意權，並且能夠擁有否決開發行為的能力。如果說，談判的一方不打算尊重對方說不的權利，而且甚至在許多情況下享有強制收購的合法權利，這樣的話，就不會是公平且對等的討論。

要以尊重態度對待原住民，需要遵守下列諸點：

- 認知原住民的存在，並且承認他們作為原住民的權利，即使當地國家的法律沒有承認其權利；
- 充分遵守自由、事先及知情同意的精神，其中也包含尊重他們說不的權利；
- 指派原住民聯繫人員，並且配合其特定文化脈絡，設置持續與原住民互動的參與機制；
- 確保工作場所中的機會平等與避免歧視產生；
- 提升所有企業及承包商員工的文化敏感度，讓文化敏感度內化於組織運作之中；
- 配合文化需求，舉例而言，彈性處理人力配置的安排，讓所有企業員工及當地民眾都能維持其文化與宗教傳統；
- 提升多元文化的接受度，彰顯當地民眾與企業員工及包商之不同文化；
- 尊重傳統生活方式，積極促成共存；

- 尊重原住民有形與無形的文化資產，包括神聖的遺址，積極主動識別並保護遺址；
- 尊重並且捍護原住民之法律與習慣的土地權利（見 BOX 4）：
- 承認習慣法之存在，如果合適的話，承認傳統的司法體制，並且將其納入社區申訴及其他機制；
- 提出在地組成之措施，以讓當地原住民能夠成為員工，提供開發行為所需之產品及服務。協助他們成為在地成分的供給者；
- 接納傳統知識和宇宙觀是與西方科學同時並存，在影響評估報告與其他科學報告中，要納入傳統知識：
- 保護並尊重原住民的智慧財產權；
- 開發行為所使用的土地與資源，要支付權利金或租金給原住民的傳統地主；
- 在設計基準研究與監測措施時，提出或選擇適切的健康與福祉指標，能夠反映受開發行為影響原住民群體之價值、利益與世界觀；
- 將原住民視為真正的夥伴，而不只是利害關係人。關於可能影響他們權利或利益的決定，告知他們，或是讓他們參與，如同對待生意合夥人一樣。

BOX 4：為原住民謀求利益的案例

有一項南美洲大型輸油管線的開發行為積極承認原住民、尊重其權利，並讓他們成為開發行為的受益人，儘管他們只會受到短暫影響。完全出於自發自願，開發單位提出了土地所有權方案，讓沿著管線的當地原住民可以確保其土地的正式合法所有權（這是他們以前所沒有的）。此外，也有提供國家層級的資金，以協助確認傳統領域，並支持其所主張的土地權利。

尊重原住民意味著和他們一起行事，而非為他們做什麼（doing things with them, not for them）。這當中不應有施捨的行為或態度。需要有立基於共同學習與共同管理的參與機制，以確保其權利和利益有被充分考量，無論是在評估報告書、提出減緩衝突或促進效益之措施、或是社會投資方案。而且，原住民的自由、事先及知情同意也要在開發之前取得，無論其是為了開發行為、為了原住民的利益，抑或是由於原住民的要求。原住民的決策經常是採取共識決，不然就是以每個人都可以有所貢獻的方式來進行。因此，必須提供充分的時間，讓這種決策過程在沒有強迫或不合理的時間壓力下，在他們能掌控的時間內進行。在開發專業者與社會影響評估從業人員（見《社會影響評估國際原則》）中，讓弱勢的群體獲得賦權的想法已經非常普及了，要實際處理賦權的作法應小心謹慎，這樣才不會被認為是施捨恩惠。也要格外留心，避免賦權過程導致或加劇群體內部的不平等，或是其他的分歧或衝突。

另一項尊重原住民的面向在於，理解他們過去因為殖民統治、晚近歷史發展、或是先前的開發行為所經歷的傷害。對於這些傷害表達歉意不必然是承認罪行或是責任，但是這卻有助於展現尊重與理解（見 BOX 5）。

關於原住民與知情權之更多資訊，請參考：

African Commission on Human and Peoples' Rights, and the International Work Group for Indigenous Affairs 2006 *Indigenous Peoples in Africa: The Forgotten Peoples?* **http://www.achpr.org/files/special-mechanisms/indigenouspopulations/achpr_wgip_report_summary_version_eng.pdf**

Buxton, A. & Wilson, E. 2013 *FPIC and the Extractive Industries: A Guide to applying the Spirit of Free, Prior and Informed Consent in Industrial Projects*. London: IIED. **http://pubs.iied.org/pdfs/16530IIED.pdf**

BOX 5：展現尊重原住民的案例：「歡迎蒞臨」的儀式

在澳洲，大部分的公眾集會以承認原住民權利為開場，其展現方式就是「歡迎蒞臨」（Weclome to Country）的儀式。在這個儀式中，在地原住民的耆老（或傳統的長老），或是他們的代表，受邀來主持開幕儀式，以歡迎來賓（即非在地原住民的任何人）來到他們的土地。在儀式活動中，會有吹奏迪吉里杜管（didgeridoo）、寇若貝里舞蹈（corroboree），有時也會燃燒煙火儀式驅逐邪靈。儀式有這樣的進行程序，正式發言的來賓在歡迎蒞臨儀式之後，要承認原住民的權利，有時也包括過去所造成的傷害。他們要念出這段話：

> 「首先，讓我向這塊土地的傳統主人致意，無論是過去的及現在的，尤其對於現在在場的長老。的確，我們過去曾因為分享這塊土地而發生衝突，對於這樣的衝突，我深表歉意。也要感謝澳洲原住民對我們社會及文化的貢獻。」

在有些情況下，原住民能夠參與歡迎蒞臨的儀式，程序上會要求將上述的聲明被當成進入的請求，也因此可以是一種歡迎蒞臨之形式。確切的措辭會依會議目的不同而有所差異，如果能採用原住民地名或部落族群的名稱，這樣的聲明會比較有禮貌。

Charters, C. & Stavenhagen, R. 2009 *Making the Declaration Work: The United Nations Declaration on the Rights of Indigenous Peoples*. Copenhagen: International Work Group for Indigenous Affairs. **http://www.iwgia.org/iwgia_files_publications_files/making_the_declaration_work.pdf**

Convention on Biological Diversity 2004 *Akwé: kon – Voluntary guidelines for the conduct of cultural, environmental and social impact assessment regarding developments proposed to take place on, or which are likely to impact on, sacred sites and on lands and waters traditionally occupied or used by Indigenous and local communities*. Montreal: Secretariat of the Convention on Biological Diversity. **https://www.cbd.int/doc/publications/akwe-brochure-en.pdf**

Doyle, C. & Whitmore, A. 2014 *Indigenous Peoples and the Extractive Sector: Towards a Rights-Respecting Engagement.* Baguio: Tebtebba, PIPLinks and Middlesex University. **http://www.piplinks.org/system/files/IPs-and-the-Extractive-Sector-Towards-a-Rights-Respecting-Engagement.pdf**

Hanna, P. & Vanclay, F. 2013 Human rights, Indigenous peoples and the concept of Free, Prior and Informed Consent. *Impact Assessment & Project Appraisal* 31(2), 146-157. **http://dx.doi.org/10.1080/14615517.2013.780373**

Hill, C., Lillywhite, S. & Simon, M. 2010 *Guide to Free Prior and Informed Consent.* Carlton: Oxfam Australia.

ICMM 2013 Position Statement, *Indigenous Peoples and Mining.* **http://www.icmm.com/document/5433**

ICMM 2010 *Good Practice Guide Indigenous Peoples and Mining.* **http://www.icmm.com/document/1221**

IFC 2012 *Guidance Note 7 Indigenous Peoples.* **http://www.ifc.org/wps/wcm/connect/50eed180498009f9a89bfa336b93d75f/Updated_GN7-2012%20pdf?MOD=AJPERES**

International Labour Organization 2009 *Indigenous & Tribal Peoples' Rights in Practice: A Guide to ILO Convention No. 169.* **http://www.ilo.org/newyork/publications/WCMS_106474/lang--en/index.htm**

Lehr, A. & Smith, G. 2010 *Implementing a Corporate Free, Prior, and Informed Consent Policy: Benefits and Challenges.* Boston: Foley Hoag. **http://www.foleyhoag.com/publications/ebooks-and-white-papers/2010/may/implementing-a-corporate-free-prior-and-informed-consent-policy**

Owen, J. & Kemp, D. 2014 Free, Prior and Informed Consent, social complexity and the mining industry. *Resources Policy* 41, 91-100. **http://dx.doi.org/10.1016/j.resourpol.2014.03.006**

United Nations 2009 *Declaration on the Rights of Indigenous Peoples.* **http://www.un.org/esa/socdev/unpfii/documents/DRIPS_en.pdf**

United Nations Department of Economic and Social Affairs 2009 *State of the World's Indigenous Peoples.* UN Document ST/ESA/328. **http://www.un.org/esa/socdev/unpfii/documents/SOWIP/en/SOWIP_web.pdf**

United Nations Global Compact 2013 *A Business Reference Guide United Nations Declaration on the Rights of Indigenous Peoples.* **http://www.unglobalcompact.org/Issues/human_rights/indigenous_peoples_rights.html**

United Nations Office of the High Commissioner for Human Rights 2013 *Indigenous People and the United Nations Human Rights System*, Fact Sheet No.9 (rev 2). **http://www.ohchr.org/Documents/Publications/fs9Rev.2.pdf**

Whitmore, A. 2012 *Pitfalls and Pipelines: Indigenous Peoples and Extractive Industries*. Baguio City Philippines: Tebtebba Foundation. **http://www.iwgia.org/iwgia_files_publications_files/0596_Pitfalls_and_Pipelines_-_Indigenous_Peoples_and_Extractive_Industries.pdf**

社會影響評估並不等同於公共參與

將受影響民眾與其他利害關係人納入影響分析和減緩與效益策略規劃，是相當重要的，開發行為最好能獲得營運的社會許可。傳統「由上而下」的決策途徑——也就是我們知道的「決策、公布、辯護」(decide, announce, defend，簡稱 DAD)，甚至是「決策、宣導、公布、辯護」(decide, educate, announce, defend，簡稱 DEAD)——許多社會已不再採用，這些方法通常成效不佳、不具永續性。相對於此，新的參與哲學已經被引進，有時被稱為「會面、理解、修正」(meet, understand, modify，簡稱 MUM)，或是「公眾擁有的開發行為」(public owns project，簡稱 POP)。在許多法律規定下，能夠參與已經成為一種法律上的權利，「參與權」受到高度的重視，也獲得許多國際協議的認可，例如 1998 年的《奧爾胡斯公約》(全名為《有關環境事務行政決定程序中之資訊請求權與公民參與及司法請求權公約》(Aarhus Convention on Access to Information, Public Participation in Decision-Making and Access to Justice in Environmental Matters)。「如果計畫性的介入會影響民眾的生活，他們應該有權利參與其決策」，這項要求是《社會影響評估國際原則》所揭櫫的核心價值之一。

社會影響評估與公共參與並不是同義詞；社會影響評估是一種研究及分析的過程，目的在於影響決策的制定並管理社會議題。為了有效達成社會影響評估的目標，真正的社區參與是必要的，也就是說，要有意義的互動及誠信的對話，相關的人需要有能力影響社會議題的管理對策。另一方面，法定的公共參與程序基本上須告知公眾，讓他們對計畫性介入可以表達意見。不幸的，許多法律規定的程序中，決策者往往無視公眾的意見，大部分參與者並不滿意其程序（程序本身也無法使人信服），所謂的參與程序不過是正當化一項事先安排好的決定，或者只是以敷衍的、交差了事的方式來應付管制措施的規定。這種被誤用的「參與」不僅是欺騙行為，也可能導致當地民眾對現在及未來的介入之反彈，造成他們對於公共參與開發行為的想法幻滅與不信任。在某些情況下，決策早就拍板定案、開發案是強行通過的，當地民眾可能認為其參與是無意義的，因此將心力投注於抗議開發案的行動上，而非參與某些有明顯缺陷以及不公平的評估過程上。因此，開發行為的管理者應真心地承諾，以促成有意義的參與，不只是為了迎合法律的規定，而是要尊重在地社區，提供共同學習的機會，以促成良善結果、開創共享價值。

有效參與方法及參與途徑帶來許多效益，包含：

（一）提供對在地價值、知識、不同利害關係人群體的經驗更豐富的理解。

（二）提供驗證資料的機會。

（三）協助受影響社區瞭解計畫性介入及其含意，因此能夠協助他們從長計議，以更能適應及因應可能的變遷。

（四）協助解決資源使用的衝突。

（五）協助改善開發行為的設計。

（六）爭取社區支持開發行為的目標和執行（亦即營運的社會許可），藉此避免反對開發行為的抗議行動。

基本上，公眾介入（public involvement）、公共參與（public participation）和社區投入（community engagement）都是相同的詞彙。不同於單純的諮詢、告知社會公眾，或是從他們身上獲取資訊，公眾介入、公共參與和社區投入這些概念（接下來統稱為社區投入）都是指涉以一套民主哲學為本的處理方式，承認社區民眾要有權參與影響他們事務之決定，同時也重視各種能夠有效促成社區投入的實作方式、方法與工具。此外，也有一套關於賦權與社會包容的哲學預設，尤其是針對弱勢與少數群體。

社區投入的重要面向之一，即是有可能促成審議或達成審議的結果，以及合作式學習與合作式治理。審議是一個多面向的概念，在此可以定義為，透過公開與包容的方式（也就是沒有權力或政治的干預），促成對於各種選項與可能方案的深度反思（即認真思考），而且能夠納入所有利害關係人的訴求。審議的方法是重要的，因為其能促成人們對議題認真考慮，並且達成某項穩健的、而且是他們可能從來沒有想過要接受的結論。採用審議與賦權的方式有許多理由，最主要是有助於獲得更具正當性的決定。但是也有缺點，可能更花錢（至少在短期間內）與更耗時，如果參與者認為沒有必要，他們就會想要迴避。「受訪者負擔」（respondent burden，社區參與所要求的人數）和「受訪者疲倦」（respondent fatigue，過度諮詢受訪者，導致他們不再關心）是需要瞭解及管理的問題。如果人們感覺他們的貢獻微不足道或無足輕重，就容易發生受訪者負擔與受訪者疲倦。因此需要謹慎規劃投入的過程，使其符合利害關係人的期待及議題的重要性程度。也要保持彈性，以迎合不同利害關係人的利益變化。隨著事件開展，利益與投入之意願也經常會有所演變。

參與和社區投入的實作經常是被視為一種光譜或是連續體，有不同程度的民眾意見之數量以及審議的程度（見 BOX 6）。基於受訪者負擔與受訪者疲倦之故，有必要因地制宜採用合適的方式。更密集的審議方法在恰當的時候很好用，但是不應一體適用。若開發行為已取得了強大的「營運的社會許可」，那麼採用「告知」與「諮詢」的方式就夠了。

BOX 6：社區投入連續光譜之案例

國際公共參與學會的公共參與光譜

國際公共參與學會提出這項光譜，用以界定不同公共參與過程中的公眾角色。國際公共參與學會光譜很快地成為了一種國際標準。

漸增的決策影響力 →

	告知（Inform）	諮詢（Consult）	投入（Involve）	合作（Collaborate）	賦權（Empower）
公共參與目標	提供公眾平衡且客觀的資訊，以協助他們瞭解問題、替代方案、機會以及解決辦法	在分析替代方案以及決策時，得到民眾的回饋	在整體過程中和民眾直接合作，來確保民眾的關切及心願可以被一致地理解及考慮	在決策的各個層面與民眾形成夥伴關係，包含提出替代方案及指認出其所偏好的解決方案	將最終決策權交給民眾
給民眾的承諾	我們會持續告知（使你們知情）	我們會持續告知、傾聽及瞭解你們的關切及心願，並且在關於民眾意見如何影響決策上給予回饋。我們會尋求你們在草案及提案之意見回饋	我們會和你們合作，以確保應為：你們的關切及心願直接反應在所提出的替代方案上，並在關於民眾意見如何影響決策上有所回饋	我們會和你們共同合作來擬出解決辦法，盡最大地可能將你們的意見及建議納入決策中	我們會實施你們所決定的

資料來源：國際公共參與學會（**http://www.iap2.org**）（授權在此使用）

有人主張，應給予參與者一些報酬（即出席費），既能顯示他們的貢獻是有價值的，也能確保廣泛的民眾都有參與機會，要不然他們很可能不想要出席。在有些情況，出席費是立意良善的想法，但是也有可能適得其反。或許，鼓勵參與更重要的作用在於提供良善的回饋機制，能充分回報且尊重回應意見，以確保民眾聽到的小道消息可獲得完整的說明。

鼓勵公共參與可能是件困難的事，許多國家沒有參與的文化，有時是因為這並非社會文化的一部分，有時是因為不見得容於政治文化。有些地方曾經或現在仍是專制政權，提倡有效及有意義的參與會顯得特別困難。這種情況下，不論社會影響評估從業人員的意圖有多良善，也很難說服當地民眾，使他們認為自己不會因為對提案中或進行中的開發行為提出意見而被秋後算帳。若開發行為被認為是政府所背書支持的，而且／或者他們認為社會影響評估從業人員是政府的代表，這樣情況會尤其嚴重。

如果社區內部有嚴重分歧，便有必要以分群方式來收集資訊，以杜絕秘密外流之疑慮。在其他情況下，非結構化的在地居民訪談，可能是取得社區生活經驗完整認知的最佳方式。

在某些國家或是某些計畫性介入案例中，參與的相關困難在於受影響民眾不熟悉提案內容。舉例來說，對於不知道電力是什麼的民眾，高壓輸配電力線有何意義？核子反應爐又是什麼意思？這並非無法克服的困難，因為總是有一些方法，可以傳達出預期影響性質的初步理解。然而，這就意味著參與過程要花費更多時間，而且需要有創意。在每一個案中，需確保所採納的參與形式符合當地的文化價值。參與不只是獲取少數特定民眾的觀點然後棄之不顧。在良善的社會影響評估實作中，參與意味著利害相關且受影響民眾能夠積極介入決策過程，而且他們也認為其參與是有意義的。

關於社區投入的更多資訊，請參考：

Aslin, H.J. & Brown, V.A. 2004 *Towards Whole of Community Engagement: A Practical Toolkit*. Murray-Darling Basin Commission, Canberra. **https://www.mdba.gov.au/sites/default/files/archived/mdbc-S-E-reports/1831_towards_whole_of_community_engagement_toolkit.pdf**

Australian Government 2006 *Community Engagement and Development: Leading Practice Sustainable Development Program for the Mining Industry*. Canberra: Department of Industry, Tourism and Resources. **http://www.minerals.org.au/file_upload/files/resources/enduring_value/CED.pdf**

Creighton, J. 2005 *The Public Participation Handbook: Making Better Decisions through Citizen Involvement*. San Francisco: Jossey-Bass.

Dare, M., Schirmer, J. & Vanclay, F. 2011 *Handbook for Operational Community Engagement within Australian Plantation Forest Management*. Hobart: Cooperative Research Centre for Forestry. **http://www.crcforestry.com.au/publications/downloads/CRCForestry-CE-FINAL.pdf**

Flemish Institute for Science and Technology Assessment (viWTA) 2005 *Participatory Methods Toolkit. A Practitioner's Manual*. Brussels: Flemish Institute for Science and Technology Assessment (in conjunction with King Baudouin Foundation) available at: **http://www.kbs-frb.be/publication.aspx?id=294864&langtype=1033**

Government of Victoria, Department of Sustainability and Environment 2005 *Effective Engagement: Building Relationships with Community and Other Stakeholders* (3 volumes). Melbourne: Victorian Government Department of Sustainability and Environment. **http://www.dse.vic.gov.au/effective-engagement/resources/download-effective-engagement**

Gramberger, M. 2001 *Citizens as Partners: OECD Handbook on Information, Consultation and Public Participation in Policy-Making*. Paris: Organisation for Economic Co-Operation and Development. **http://internationalbudget.org/wp-content/uploads/Citizens-as-Partners-OECD-Handbook.pdf**

Hartz-Karp, J. & Pope, J. 2011 "Enhancing effectiveness through deliberative democracy", in Vanclay, F. & Esteves, A.M. (eds) *New Directions in Social Impact Assessment: Conceptual and Methodological Advances*. Cheltenham: Edward Elgar, 253-272.

IAP2 2006 *Public Participation Toolbox*. Louisville, CO: International Association for Public Participation. **http://www.iap2.org/associations/4748/files/06Dec_Toolbox.pdf**

IFC 2007 *Stakeholder Engagement: A Good Practice Handbook for Companies Doing Business in Emerging Markets*. Washington: International Finance Corporation. **http://www.ifc.org/wps/wcm/connect/938f1a0048855805beacfe6a6515bb18/IFC_StakeholderEngagement.pdf?MOD=AJPERES**

International Association for Impact Assessment 2006 *Public Participation: International Best Practice Principles*. Fargo: IAIA. **http://www.iaia.org/publicdocuments/special-publications/SP4%20web.pdf**

O'Faircheallaigh, C. 2010 Public participation and environmental impact assessment: Purposes, implications, and lessons for public policy making. *Environmental Impact Assessment Review* 30(1), 19-27. **http://dx.doi.org/10.1016/j.eiar.2009.05.001**

Rietbergen-McCracken, J. & Narayan, D. (eds) 1998 *Participation and Social Assessment: Tools and Techniques*. Washington: World Bank. **http://go.worldbank.org/HTTUVW2C60**

Sarkissian, W. 2008 *Kitchen Table Sustainability: Practical Recipes for Community Engagement with Sustainability*. London: Earthscan.

Sarkissian, W., Hurford, D. & Wenman, C. 2010 *Creative Community Planning: Transformative Engagement Methods for Working at the Edge*. London: Earthscan.

Stakeholder Research Associates 2005 *The Stakeholder Engagement Manual: From Words to Action*. Cobourg Ontario Canada: Stakeholder Research Associates (for United Nations Environment Program and AccountAbility).

Volume 1: **http://www.accountability.org/images/content/2/0/207.pdf**

Volume 2: **http://www.accountability.org/images/content/2/0/208.pdf**

United Nations Economic Commission for Europe 1998 *Convention on Access to Information, Public Participation in Decision-making and Access to Justice in Environmental Matters* (Aarhus Convention). **http://www.unece.org/fileadmin/DAM/env/pp/documents/cep43e.pdf**

United Nations Economic Commission for Europe 2014 *The Aarhus Convention: An Implementation Guide* (2nd edn). **http://www.unece.org/fileadmin/DAM/env/pp/Publications/Aarhus_Implementation_Guide_interactive_eng.pdf**

移置與安置是傷害受影響社區的主因，也是開發案的主要風險

大型開發行為經常要移置（displace）民眾，干擾他們的生計。開發行為的設置地點以及輔助行為（或配套措施）所需的大筆土地，包含勞工宿舍、辦公室及道路、管線、鐵軌、高壓輸配電力線、水壩等，有可能導致成千上萬民眾必須被重新安置（resettle）。對民眾而言，移置與安置可能充滿著創傷經驗，也破壞他們的地方（歸屬）感、生計、社會網絡及社區聯繫。安置對企業來說是一項重大的人權風險。儘管如此，如果開發單位真心地承諾提出共享價值，實體的與經濟的移置所帶來的情緒壓力可以降到最低，而若能有效執行安置過程，可以創造許多生計上的利益。

因為移置與安置是重大的社會影響與人權風險，通常會花費開發行為相當多成本，在任何情況下，應儘可能地避免。應該廣泛尋求能夠減少安置人數的替代方案。不幸的是，安置所耗費的時間與成本往往被低估，導致開發行為遲延，以及成本超支。由於安置是開發行為之內的一項重大工作項目，也是一種影響，安置可視為開發行為之中的開發行為。如同開發行為一樣，安置行動是會產生社會影響的計畫性介入，因此是需慎重管理的過程，必須以參與的方式來規劃及執行。安置應被視為導致貧困的風險，但是如果所有促進生計及在地成分的可行機會都被充分檢視，安置也有可能是發展的機會。

進行開發行為所引發的土地徵收後果之一即是安置，也就是有規劃地將民眾或社區，從一處遷往到另一處。安置過程試圖完全重建出運作良好的社區生活和適當的永續生計，以幫助民眾重新安置。應該對其資產的損失、造成的壓力與不便，有充分及公平的補

償。如果開發行為場址已定，公司能夠要求強制徵收，而在地社區實際上沒有其他選擇，只能被迫接受，這種安置就是非自願性的。自願性的安置即是，在沒有使用、威脅要使用、抑或被認為威脅要使用國家強制徵收權力的情況下，在地民眾有合法權利拒絕售出土地，然而他們卻積極參與，選擇安置以換取公平的補償與其他生計利益。

「實體的移置」（physical displacement）是指因開發行為與相關土地取得而喪失房舍或限制土地利用，民眾不得不遷往其他地方。「經濟的移置」（economic displacement）是指民眾的房舍未受直接影響，但有其他資產的損失，或未能使用其資產（如農地），導致生計的破壞及相關收入損失。

任何會導致實體與經濟移置的開發行為須提供適當補償，意即開發單位必須——以確保能改善、或至少重建人民的生活狀況及生計為目標——提供合宜解決方案。一旦發生實體移置，就必須有正式安置的過程。而經濟移置若有公平的補償以及生計輔導與促進的過程，有可能不需要正式的安置過程。除了有義務要提供補償、支持生計恢復與促進，開發行為應提供受影響社區若干利益。也需考量接納社區（那些接納被安置民眾的社區）的社會影響，對於接納社區與被安置民眾，都有必要進行風險管理與提供利益。補償不只是金錢上的補償，而是一整套的介入，包含社會救助、培訓等，以確保受開發行為影響的民眾可以改善或至少恢復他們的生活狀況及生計。

國家管制機關所核可的大型開發行為，通常被視為重大的國家利益，政府的徵收權（強制徵收）經常或隨時準備動用，以協助開發行為能順利動工。也因此，大部分國家對於土地徵收以及被安置民眾的權益，都有全國性的立法規定。除了這些國家層級的要求以外，也有一些要遵守的國際標準，如果資金是來自於世界銀行、國際金融公司、或其他多邊開發銀行（multilateral development banks）、援外機構或是採納赤道原則的金融機構，符合這些國際標準並且有效進行安置，可以減少開發行為所有的成本及風險。這些國際標準包括：

- **世界銀行：**操作手冊 4.12 非自願性的安置（OP 4.12 Involuntary Resettlement），**http://go.worldbank.org/96LQB2JT50**
- **國際金融公司：**績效標準 5：土地取得與非自願性的安置（Performance Standard 5 Land Acquisition and Involuntary Resettlement），**http://www.ifc.org/wps/wcm/connect/3d82c70049a79073b82cfaa8c6a8312a/PS5_English_2012.pdf?MOD=AJPERES**
- **赤道原則：http://www.equator-principles.com/**（實際上，赤道原則要求遵守國際金融公司的績效標準 5）。
- 其他多邊或雙邊開發銀行，以及雙邊援外機構也可能有其要求。

這些國際標準通常具有類似的程序及預期標準。在開發行為的早期階段，需要提出**安置政策架構**（Resettlement Policy Framework, RPF），以概述開發行為的政策及一般程序，關於如何進行土地取得、安置、補償及生計恢復及促進。這項工作需要及早著手，以避免在開發行為早期階段對民眾作出或暗示（影射）錯誤的承諾，例如在進行土地調查或地質探勘時，或甚至來自社會影響評估顧問的行為。接下來，也應提出**安置行動方案**（Resettlement Action Plan, RAP），完整且詳細說明安置的操作過程。為避免在地民眾的炒作投機並管理移入人口，盤點房舍、其他建築與所有資產，應視情況及早進行。應要有一個明確的**截止日期**（Cut-off Date），在此之後，新增的結構建築與其他資源都不會列入補償。如果能與受影響社區良善溝通，提出一套公平的安置與補償過程，截止日期之劃定應可獲得普遍支持。由於安置是開發行為中的開發行為，在安置行動及開發行為其他部分之間，應有更高層次的統整，安置過程的行動有必要與開發行為社會影響評估管理計畫書、社區健康與安全計畫書、社區發展計畫書、利害關係人投入計畫書、在地僱用與採購計畫書等相互參照。在大規模的安置中，安置的規劃有可能與整體開發行為是分開的。無論如何，**生計恢復與促進計畫書**（Livelihood Restoration& Enhancement Plan, LREP）都是必要的，這通常是安置行動方案的一環。直到所有安置的負面影響都被處理妥當，安置過程才能被視為完全結束。也應該要有一份由獨立的外部機構所進行關廠稽核報告（Completion Audit），以評估所有影響是否都已妥善處理，被安置民眾的生活水準和其先前情況比較，他們是否仍有未被解決的民怨，國際標準與國內法律是否有被遵循，以及安置行動計畫和生計恢復與促進計畫書的規定是否都有落實。只有當所有減緩措施都已真正落實，而且被遷移民眾都已獲得足夠的機會與協助、能永續恢復其生計，**關廠稽核報告**才可以進行。因此，不可能安置後立即調查，而是要在安置後數年才開始。安置要能持續，企業必須能在某個時間點負責地退場。在安置行動方案中，預先規劃退場時機是非常重要的，就如同在開發行為開始階段就要準備好關廠。**退場計畫**（Exit Plan）應該取得社區之同意，並獲得管制機關之許可。此外，地方政府接手安置城鎮的能力（人力與物力），對於長期改善民眾生計是非常關鍵的。政府的能量建構應該是退場計畫之一環。

一般而言，國際標準預期每項開發行為都儘可能地：

- 尋找替代方案，以避免或儘可能減少移置；
- 使用協商後的協議，以避免強迫驅趕；
- 預先考慮並且減少負面的社會、經濟及人權影響；

- 提供適切的資訊揭露，容許受影響者的知情參與（儘可能地達到自由、事先及知情同意之程度）；
- 確保取得婦女的看法，以及婦女的利益有被全盤納入安置規劃與執行；
- 所有社區與民眾皆適用透明且一致的方式進行補償程序；
- 以重置成本（replacement cost）的標準，來補償資產損失；
- 避免以現金補償，至少對弱勢群體以實物支付的方式來避免補償金被揮霍；
- 採用「以地易地」的原則，尤其當被安置民眾的生計依附於土地，或者他們的土地是集體所有，開發行為應用以地易地的方式提供補償；
- 提升被安置民眾的生計及生活水準：
- 辨識出可能因其處於劣勢或脆弱性的地位而不成比例地受到影響之個人及群體，採取適當措施來確保他們能取得開發的利益及機會；
- 改善實體移置民眾的生活狀況，提供適當且更好的房舍，並確保新安置地點的所有權保障；
- 提供受影響民眾選擇的機會，並與社區針對社區資產及資源進行協商；
- 提供被安置社區與民眾從開發行為獲得發展利益的機會；
- 提供一段合理過渡期的支持，讓民眾可以恢復賺取收入的能力、生產活動及生活水準；
- 盡一切能力確保民眾不會被多次安置；
- 儘早在開發行為的過程中建立有效申訴機制；

- 建立監測及評估機制，以落實安置行動方案及生計恢復計畫書，必要的話，採取補正措施。

安置最具爭議及複雜的層面之一即是與補償相關的面向；當民眾被迫實體移置，開發單位有必要提供安置住宅，及協助民眾恢復與促進生計。如果是民眾被迫經濟移置，他們有權要求獲得損失資產之補償，並且協助他們恢復與促進生計。國際標準規定，補償金應以所有損失的資產價格來計算。這裡的計算，應納入從評估進行到實際補償中，期間所可能產生的通貨膨脹而受到的影響。當損失資產的價值超越人們可以處理的金額，補償應以實物支付而非現金。支付大筆金額的現金會增加開發行為所造成的傷害，因為會直接造成當地的通貨膨脹。民眾也有可能用於不智的或不當的消費品支出，而不是投資於強化或恢復永續生計。過往的經驗一再指出，現金補償是貧窮化的主要原因。能量建構應納入生計的加強與恢復之一，其中包括理財的培訓。在安置過程中，尋找各種機會讓民眾能親身參與自己的安置，也是應設法解決的問題。

每年有數百萬人被安置，應該可以從中獲得安置後果的諸多寶貴經驗。不幸地，大部分安置實際上都處理不當，仍有許多改善空間，包括下列幾項重要的教訓。首先，大部分安置都是強迫加諸於民眾身上，不是出自他們自由的選擇。因此，讓他們在過程中得到賦權，獲得選擇權與自主性是當務之急。其次，實際的安置經驗通常會造成被安置的民眾受到創痛，因此執行安置人員應該要更重視被安置民眾的情感與健康需求之關注。周全構思，並且與受影響民眾討論，有助於識別出安置過程中強化社區的各種方法。舉例而言，某些關鍵民眾可以被優先安置，如此一來他們就能協助接納後續被安置的民眾。舉辦舊聚落的告別儀式，以及迎接（慶祝）新安置地點（居住地）的儀式也是很重要的。讓民眾可以對故居抱持懷舊情懷，但是對於新社區感到興奮、有所期待與新奇感，也是必要的。樂意接納民眾的關切並迅速加以回應，能確保民眾的正面態度而不是事後可能的心懷怨懟。其他重要的教訓包括：

（一）安置所要耗費的時間及成本總是被低估。

（二）及早著手是必要的，安置計畫應被納入開發行為的規劃過程之中。

（三）開發行為的擴建應預留規劃，民眾不應被安置於未來有可能再被安置的地點。未來擴建所需要使用的土地，應避免有人口移入。

（四）開發行為及安置行動方案獲得許可與執行之間的時間應儘可能縮短。其中所花的時間越多，執行就越困難。

（五）新安置地點的各種特性是成功達成安置之關鍵，尤其是對於生計的加強與恢復。安置地點選擇應納入各種判斷基準，包含與原初地點的距離、地點特性是否與安置民眾的生計相容（如土地品質、水資源、農業生產力等）。

（六）安置是所費不貲的過程，然而如果妥當地處理，開發行為的長期成本通常會相對較少。不要心存僥倖，不當處理的代價將會遠超過一開始就妥善規劃的成本。

（七）強制徵收土地應視為最後的手段。強制徵收土地遠比想像中更耗時，會引發利害關係人的反彈，帶來反對開發行為的抗爭。強制徵收土地也無法取得營運的社會許可。試著與民眾協商，讓他們自願參與安置過程，這會比起依靠土地徵收權來的更有效果。

（八）讓被安置的公眾參與遷移住所之規劃。

（九）謹慎處理，要避免協商會議或是開發案員工在一開始帶來不切實際的期望。所有承諾或回饋應被記錄於承諾記載書（Commitments Register）。

（十） 專業規劃與適當的社區協商是成功的關鍵，抄捷徑只會徒增日後困擾。

麥克・塞尼亞（Michael Cernea）指出，有八種因開發行為移置與安置的貧窮風險：喪失土地、失去工作、無家可歸、邊緣化、致病率及死亡率之增加、糧食安全問題、無法取得共有財產以及與社會脫節。認真看待這些風險，並且推動因應策略，是促成安置及開發行為成功的關鍵，也能帶來共享價值。比較可能成功而且有效的安置，包括下列的過程：提供立基於土地的安置、識別出就業與其他生計的機會、協助民眾安居、幫他們以社區形態重新連結、考慮包容性、提供民眾可以投入的選項、提供主要健康照護及預防醫療、確保營養、糧食和用水安全、儘可能減少社區資產的損失，或者是恢復與彌補這些資產、重建社會與社區資本。

關於安置與移置的更多資訊，參考：

Cernea, M. 1997 The risks and reconstruction model for resettling displaced populations. *World Development* 25(10), 1569-1587. **http://dx.doi.org/10.1016/S0305-750X(97)00054-5**

Cernea, M. 1999 (ed.) *The Economics of Involuntary Resettlement: Questions and Challenges.* Washington, DC: World Bank. **http://dx.doi.org/10.1596/0-8213-3798-X**

Cernea, M. 2000 Risks, safeguards and reconstruction: A model for population displacement and resettlement. *Economic and Political Weekly* 35(No. 41), 3659-3678. **http://www.jstor.org/stable/4409836**

Cernea, M. 2003 For a new economics of resettlement: A sociological critique of the compensation principle. *International Social Science Journal* 55(Issue 175), 37-45. **http://dx.doi.org/10.1111/1468-2451.5501004**

Cernea, M. & McDowell, C. 2000 *Risks and Reconstruction: Experiences of Resettlers and Refugees.* Washington, DC: World Bank.

Cernea, M. & Schmidt-Soltau, K. 2006 Poverty risks and national parks: Policy issues in conservation and resettlement. *World Development* 34(10), 1808-1830. **http://dx.doi.org/10.1016/j.worlddev.2006.02.008**

De Wet, C. 2005 *Development-Induced Displacement: Problems, Policies and People.* New York: Berghahn Books.

Downing, T. 2002 *Avoiding New Poverty: Mining-induced Displacement and Resettlement.* MMSD Report 58 London: IIED. **http://commdev.org/files/1376_file_Avoiding_New_Poverty.pdf**

IFC 2002 *Handbook for Preparing a Resettlement Action Plan.* Washington, DC: International Finance Corporation. **http://www.ifc.org/wps/wcm/connect/22ad720048855b25880cda6a6515bb18/ResettlementHandbook.PDF?MOD=AJPERES**

IFC 2012 *Guidance Note 5 Land Acquisition and Involuntary Resettlement.* **http://www.ifc.org/wps/wcm/connect/4b976700498008d3a417f6336b93d75f/Updated_GN5-2012.pdf?MOD=AJPERES**

Owen, J. & Kemp, D. 2015 Mining-induced displacement and resettlement: A critical appraisal. *Journal of CleanerProduction* 87, 478-488. **http://dx.doi.org/10.1016/j.jclepro.2014.09.087**

Picciotto, R., van Wicklin, W. & Rice, E. (eds) 2001 *Involuntary Resettlement: Comparative Perspectives.* New Brunswick: Transaction.

Reddy, G., Smyth, E. & Steyn, M. 2015 *Land Access and Resettlement: A Guide to Best Practice.* Sheffield: Greenleaf. **http://www.greenleaf-publishing.com/productdetail.kmod?productid=4051**

Satiroglu, I. & Choi, N. (eds) 2015 *Development-Induced Displacement and Resettlement.* London: Routledge. **http://www.routledge.com/books/details/9781138794153/**

Scudder, T. 2005 *The Future of Large Dams.* London: Earthscan.

Vandergeest, P., Idahosa, P. & Bose, P. (eds) 2007 *Development's Displacements: Economies, Ecologies and Cultures at Risk.* Vancouver: UBC Press.

World Bank 2004 *Involuntary Resettlement Sourcebook: Planning and Implementation in Development Projects.* Washington, DC: World Bank. **http://hdl.handle.net/10986/14914**

在地成分可創造共享價值

就其最簡單的意義而言，在地成分（local content）是對企業的一種要求、期待與承諾：確保其價值可以透過提供就業與採購機會，而留存在接納國家、區域與社區。然而不僅於此，在地成分是攸關共享價值的一種哲學觀，在企業設定其策略考量時，能提升在地成分，極大化在地社區及企業的利益。舉例來說，企業可和其潛在地方供應商合作，考慮他們的能力能否符合採購需求，或者企業的要求也可以有所調整，讓在地廠商不會被特意排除在外。有些政府強制要求，必得達成某種在地成分之比例。在不同國家中，「在地」及「成分」有不同的定義，儘管在同一個國家要求也不見得一致，社會影響評估從業人員需要瞭解政策、規範、契約規定，以及利害關利人的期待。對企業而言，在地成分是最有可能獲得社會許可的契機。然而，在許多開發行為中，培訓在地民眾就業或支持在地廠商支援開發行為，並沒有及早或有效執行，結果平白喪失了發展的機會。

在地成分的政策與實作之成長，顯示了私部門業者與政府之間目標衝突與其他挑戰，政府不得不規範在地成分，以促使永續的區域發展、促進在地社區的福祉與生活品質、國家發展目標與產業政策。政府尋求達成在地成分政策的諸多目標，例如創造就業機會、發展特定部門或產業、能量建構（capacity building）、知識生成、技能及技術移轉，以及處理貿易失衡等。企業對於在地成分的態度在近年來也有所轉變。在許多案例中，其起初動機是為了符合形式上的承諾，無論是對於在地政府、投資夥伴或者原住民社區，為了要取得資源，不得不配合這些要求。隨著時間過去，有些位居領導地位的企業越來越是為了與在地利害關係人建立與維持長久的夥伴關係，為了彼此的利益與共享價值。這些企業也認知到降低依賴昂貴外來人力的好處。

從區域發展的角度來看，社會影響評估是一種處理在地成分策略的重要工具，因為這項工具能協助資源開發單位與在地政府提出合作性的在地成分策略。如此一來，外國公司也能帶來區域發展，因為他們進行在地採購與僱用在地人。透過在地的乘數效應，在地成分能夠刺激經濟活動，並鼓勵額外投資及更多在地就業。更加繁榮的在地經濟也會吸引新供應商來到當地，使之成為更具競爭性的供應基地，同時減少社區依賴既定產業。

一開始，要採取的重要步驟即是判定所在地經濟的基準條件，包括現存經濟活動對於特定部門之依賴、有哪些產業因為其區域的關連性與乘數效應應被扶植、促成在地成分發展有哪些有利與不利的條件。這項分析可採用若干指標以促成其自身的能量建構，其中的指標包括了商業活動的容易程度、服務設施、在地的基礎建設、在地企業的活力、在地社區的適應能力等。

對於區域內特定產業的經濟依賴程度，是一項測量當地經濟健全重要的指標。該項產業的市場佔有率可用在地產業的就業比例來評估。經濟多樣化能透過強化開發行為及社會投資方案達成，以解決過於依賴特定產業的問題。儘管如此，永續地區發展的目標需要考量廣泛議題，不僅只是傳統的經濟健全指標，也要考量其他對於增加人力、資本及制度等資本有所貢獻之因素。

透過供應商綜合能力之調查，可以找到未來的供應商。這項調查包括了一系列的活動：（一）讓採購人員能有深度理解，清楚掌握現有的產品與服務之提供廠商、簽訂契約的策略、終端使用者的要求、採用不同標準來評估在地成分的適切性；（二）辨識出營運供應鍊上各種形形色色的部門；（三）基於在地成分的吸引力，進行高層次的部門分析；（四）針對挑選出的部門，進行深度價值鍊分析，對於潛在供應商的能力以及不足之處加以分析；（五）對於特定部門，提出一套競爭策略；（六）設計一套執行方案；（七）監測其進展。

要促成在地勞動力的開發運用，一開始就需要分析開發行為所需要直接與間接的勞工，接下來的步驟就是評估與確認既有的勞動力技能與其相應的需求。在進行供需落差之調查時，若能一併分析學校機構與培訓中心的素質差異，特別是在工程、技術及職業教育，也可以獲得額外的收獲。這項分析是要評估學校的基礎設施、教學儀器、課程、教學及學生能力。最後的步驟即是設計並且執行技能培訓的參與，這通常是採取夥伴關係的方式。如此一來，開發行為就可以創造出其所需要的在地勞動力。

就如同開發行為的介入，在地成分的策略也要評估其可能帶來的負面社會影響。舉例而言，以當地的水準，從在地其他企業汲取（盜取）的資源或服務，導致其他部門能力的減損（如政府或其他賺取固定收入者）。在地的商業活動有可能受制於開發行為的週期，因此變得更加依賴與脆弱。另一項有可能出現的問題在於，只提供在地民眾小額的契約，這容易引發社區不滿，因為他們期望更多。對特定群體進行承攬及僱用之優惠，如果採用的社會基本資料調查（social profiling）方式不妥當，有可能適得其反，破壞社會凝聚力，強化某些菁英頭人的掌控。在落實在地勞動力與在地供應商方案之前，這些問題應有系統地被納入基準研究與風險評估。

關於在地成分與在地採購的更多資訊，參考：

Esteves, A.M. & Barclay, M.A. 2011 Enhancing the benefits of local content: Integrating social and economic impact assessment into procurement strategies. *Impact Assessment & Project Appraisal* 29(3), 205-215. **http://dx.doi.org/10.3152/146155111X12959673796128**

Esteves, A.M., Brereton, D., Samson, D. & Barclay, M.A. 2010 *Procuring from SMEs in Local Communities: A Good Practice Guide for the Australian Mining, Oil and Gas Sectors*. Brisbane: Centre for Social Responsibility in Mining, Sustainable Minerals Institute, University of Queensland. **http://www.csrm.uq.edu.au/docs/4361%20CSRM%20SME%20Report%20Email%20V2.pdf**

Esteves, A.M. & Ivanova, G. 2015 "Using Social and Economic Impact Assessment to guide local supplier development initiatives", in Karlsson, C., Andersson, M. & Norman, T. (eds) *Handbook of Research Methods and Applications in Economic Geography*. Cheltenham: Edward Elgar, pp.571-596. **http://www.e-elgar.com/bookentry_main.lasso?currency=US&id=14395**

Hidalgo, C. et al. 2014 *Extracting with Purpose*. FSG. **http://www.fsg.org/tabid/191/ArticleId/1184/Default.aspx?srpush=true**

IFC (in collaboration with Engineers Against Poverty) 2011 *A Guide to getting started in Local Procurement: For companies seeking the benefits of linkages with local SMEs*. **http://www.ifc.org/wps/wcm/connect/03e40880488553ccb09cf26a6515bb18/IFC_LPPGuide_PDF20110708.pdf?MOD=AJPERES**

Tordo, S. et al. 2010 *Local Content Policies in the Oil and Gas Sector*. Washington: World Bank. **http://documents.worldbank.org/curated/en/2013/01/17997330/local-content-oil-gas-sector**

在開發行為開始階段就應有關廠方案

就其定義而言，開發行為（development project）有固定的年限。有些開發行為規劃了數十年的壽命，也有些開發行為只有相對短暫的預期年限，如幾年或更短。對於某些開發行為而言，關廠是事先規劃的事件，在原先的營運方案與政府許可過程中就有打算。然而，在某些特定的部門，尤其是採礦業，商品價值的波動意味著開發行為會有不確定的生命週期，有可能是從長期而且是產能全開的營運轉變成為局部營運、暫時歇業（凍結）、或是短時間內永久關廠。如果沒有獲得營運的社會許可，開發行為的提早關廠有可能引發抗爭與其他衝突。在某種程度上，需要大量建廠勞動力、但只需要少數營運勞動力的開發行為（例如水壩），需要處理從興建到營運的移轉，就是解散勞動人口。從社會的角度來看，這就非常接近關廠。因此，越來越多人體認，所有開發行為應在其早期階段就規劃關廠事宜，而且不斷更新修正其關廠規劃，尤其是當開發行為與其營運環境出現了重大的變遷。無論是對於新的開發行為，抑或是尚未考量其關廠策略的既有開發行為而言，關廠規劃是必要的。且即使有了關廠規劃，針對該計畫進行詳盡的社會影響評估仍舊比較適當。

如果社區對開發行為有經濟上的依賴時，關廠可能會有重大社會影響。而如果關廠時的環境影響沒有妥善處理或復育工程不夠完備，關廠也會有一些間接的社會影響。舉例而言，儘管營運已經結束了，酸性礦物的排放及其他形式的環境污染仍持續很長一段時間，並明顯影響生活在礦坑附近民眾的生計及健康。

開發行為一開始就應有關廠策略。關廠不是一項單純的動作，而是包含許多階段，如關廠規劃、停止營運、設施除役及關廠後的過程。設施除役包含許多準備停止營運所進行的活動，及考量關廠後階段之不同的選項。設施除役應在停止營運之前進行，如此才能挑選出較好的選項，並且在執行之前與利害關係人協商。關廠後階段是指停止營運之後的各種活動，包含持續進行及維持監測的行動，以確保所有進行中的環境、健康及安全風險都得到監測並降至最低，以及所有承諾的社會利益都有落實。

關廠規劃也需與在地社區及其他利害關係人協商。許多重大的決定會對周遭社區有長遠影響，因此這些社區需要參與關廠規劃之決策。首先就是工作機會的喪失，可以尋找出關廠後的經濟機會，並且提供再培訓。周遭社區也會積極關注場址的未來使用方式，因此，識別出開發行為設施、其他基礎建設、場址土地未來之使用可能，能夠促進開發行為對於社區所帶來的整體效益。發電站、污水處理廠以及其他基礎建設可以讓地方政府使用，抑或可讓獲得在地社區授權的營運廠商使用，雖然這也意味著責任移轉的問題要另外處理。也應考量有持續進行的企業社會投資活動，或是其他慈善活動。

為了能持續享有營運的社會許可以及良好商譽，企業的利益在於確保高度透明，並且接納社區參與。在地民眾有可能受到重大影響，他們也需要自立自強。民眾對關廠後的想法須通盤考量，而他們所作的決定會因其能接收到的訊息而改變。他們需要考慮是否應留下、離開、要買進、還是賣出等等。如果能清楚掌握民眾的想法，就能判定關廠的可能影響，也就有辦法讓關廠儘可能配合民眾的要求。

關廠要處理下列的議題，才能算是功德圓滿：

（一）所有安置過程與相關生計復原及促進活動都完成了，其後續的營運也有現實可行的規劃；

（二）該負責的補償均已經提供；

（三）承諾記載書及影響與回饋協議（或其他類似的社區發展協議）之項目都已達成或落實；

（四）所有提出來的申訴案件都處理完畢；

（五）關於所有設施及基礎建設之後續處理，已經與所有利害關係人進行諮詢，如果社區不會再利用這些設備，企業已經將其移除；

（六）落實適當措施來確保區域的安全與穩定，例如封閉所有礦坑、移除所有化學品；

（七）依據管制要求以及所提出的承諾，落實場址復育，包括復原與整治；

（八）如果有必要的話，要全面落實減緩社會與環境衝擊的措施，而且提出一套持續運作的合適機制；

（九）對於環境及社會的關鍵性指標有持續監測，如果發生了超標，應要有靈活的因應程序；

（十）社會投資方案應要有永續的管理策略；

（十一）應該有應急基金或機制，處理任何與開發行為有關且有可能浮現的未預期問題。

企業應深刻體認到這一點，他們的開發行為之所以被核準（環境許可）以及被社區接納的原因，在於沒有殘留下危害且提供了若干好處。無論後來情況變動為何，企業有責任遵守這些要求。

關廠是代價昂貴的過程，主要的挑戰在於大部分關廠相關的費用都是事後才出現，也就是在生產與營運收入消失之後。因此，在開發行為的營運階段，企業就應預留關廠的財務規劃。企業要慎重評估可能的關廠成本，並且提供一筆預備金以備使用。不幸的是，關廠成本的評估經常草率處理，許多企業無法完成其關廠時應負起的責任。基於此，許多國家在開發行為許可（或核準）階段強制規定設立環境基金，來確保有足夠資金可以支付關廠相關費用。不幸的是，這些環境基金基本上只佔實際復原成本的一小部分，而且也無法跟上通貨膨脹的速度。因此需要一套更完善的系統，確保關廠所需要的成本都被納入。關廠稽核是必要的程序，判定關廠程序是否有適當處理、所有上述的問題與條件有被落實，之後才能動用環境基金。

為了要最終遺留的結果是正面的，開發行為應積極促成永續發展，在開發行為結束後，使在地社區能繼續發展下去。為了這個目標，企業的策略性長遠目標應配合當下及未來社區與區域的發展計畫。企業應該鼓勵利害關係人投入，並主動採取措施，以強化在地社區的能力。在理想的情況下，上述這些原則應體現在開發行為的早期階段、納入其社會投資與在地成分策略，並且在除役階段中謹慎考量。企業是否能持續享有營運的社會許可、是否能擴充成長（在其他場址營運），端視其如何有效處理關廠過程。

關於關廠的更多相關資訊，參考（請注意這些關廠準則大部分皆未考慮到社會議題）：

Anglo American 2013 Mine Closure Toolbox. **http://www.angloamerican.com/~/media/Files/A/Anglo-American-PLC-V2/documents/approach-and-policies/environment/toolbox-main-brochure-lr.PDF**

Australian Government 2006 *Mine Closure and Completion.* Canberra: Department of Industry, Tourism and Resources. **http://www.industry.gov.au/resource/Documents/LPSDP/LPSDP-MineClosureCompletionHandbook.pdf**

Evans, R. 2011 "Closure planning", in Vanclay, F. & Esteves, A.M. (eds) *New Directions in Social Impact Assessment: Conceptual and Methodological Advances*. Cheltenham: Edward Elgar, 221-232.

Sánchez, L.E., Silva-Sánchez, S.S. & Neri, A.C. 2014 *Guide for Mine Closure Planning*. Brasília: IBRAM (Brazilian Mining Association). **http://www.ibram.org.br/sites/1300/1382/00004552.pdf**

Sheldon, C.G., Strongman, J.E. & Weber-Fahr, M. 2002 *It's Not Over When It's Over: Mine Closure around the World*. Washington: World Bank and International Finance Corporation. **http://siteresources.worldbank.org/INTOGMC/Resources/notoverwhenover.pdf**

Stacey, J. et al. 2010 *The Socio Economic Aspects of Mine Closure and Sustainable Development* (2 volumes). Johannesburg: Centre for Sustainability in Mining and Industry, University of Witwatersrand.

Vol 1: **http://www.coaltech.co.za/chamber%20databases%5Ccoaltech%5CCom_DocMan.nsf/0/13C0E50053B60B8788257AF4003392EC/$File/Coaltech%20Mine%20Closure%20Report%201%202010.pdf**

Vol 2: **http://www.coaltech.co.za/chamber%20Databases%5Ccoaltech%5CCom_DocMan.nsf/0/F6430BA4F25ADE3A88257AF4003321AA/$File/Coaltech%20Mine%20Closure%20Report%202%202010.pdf**

World Bank 2010 *Towards Sustainable Decommissioning and Closure of Oil Fields and Mines: A Toolkit to Assist Government Agencies* (version 3.0). Washington: World Bank. **http://siteresources.worldbank.org/EXTOGMC/Resources/336929-1258667423902/decommission_toolkit3_full.pdf**

社會影響評估從業人員的倫理

專業實務常會出現倫理問題以及其兩難。專業工作的特點之一，即是不斷地探討倫理議題，常見的情況是從業人員與整個業界對此有積極性與反思性的認知。范克雷等人在 2013 年提出了十八項關於人類研究倫理的普遍原則，經適度修改之後，社會影響評估從業人員也應遵守。這些原則臚列如下：

（一） **尊重參與者：**社會影響評估從業人員應在與參與者所有的互動過程中展現尊重，包含了不評斷、不否定他們、確保他們的觀點如實記載，並在評估過程中被認真考量。尊重態度即是表現在採用「參與者」（participant）的用語，而不是「受訪者」（respondent）或「研究對象」（subject）。另一個與尊重相關的面向即是要保護自主性受損害的人士，以及邊緣化或脆弱族群。如果涉及了原住民，特殊的承認（recognition）與程序也是必要的。

（二） **知情同意：**參與應該是參與者自願的選擇，而且是立基於充分的資訊、適度瞭解社會影響評估研究以及參與可能的結果。這代表參與者必須公開所有相關資訊及任何參與可能的風險，尤其是取得資訊後可能發生的任何問題。如果是符合當地的文化，知情同意應以簽署同意書的形式記錄下來。

（三） **影音紀錄需要另外授權：**如果從業人員打算對任何參與者進行錄音、錄影、拍照攝影必須先行取得另外的授權（根據許多國家關於隱私權的規定，很有可能是法定要求）。

（四）**自願參與而沒有強迫：**根據知情同意的原則，參與必須為自願，而不會因不參與而受到任何強迫、威脅或傷害。非強迫並不表示參與沒有任何報酬，然而，報酬應與參與者耗費的時間及正常收入期待相吻合，而且不應超出範圍，以避免報酬成為賄賂或不適當的誘因。

（五）**退出的權利：**依據自願參與的原則，參與者必須知道他們可以隨時退出，並且（如果可能的話），得要求刪除他們在研究中被記載的任何資訊。

（六）**完全公開資金來源：**知情同意的原則也意味著，提供研究的資金來源必須完全公開。

（七）**不傷害參與者：**參與者不應因為參與研究而招致任何可預見的危害，這是十分基本的原則。這代表參與者在研究過程中不會暴露在痛苦及危險中（如醫學研究），也意味著參與者事後不會因為參與而有任何負面後果。最起碼評估者必須盡一切努力保護參與者免於受到任何傷害，確保他們在知情同意的原則下，參與者可以完全認知所有可能的參與風險。有時社會研究會促使參與者反思其個人問題，使受訪者產生情緒上的壓力。評估者有義務確保在這些情緒壓力獲得紓解之前，其和參與者之間的即時互動仍不會結束。如果有必要的話，也要提供後續的協助與諮商。

（八）**避免不當侵入：**尊重參與者意味著，只對研究相關的議題進行討論，而且所有的詢問與調查僅限於此。換言之，要尊重參與者的私人生活，從業人員應該察覺個人隱私的範圍。

（九）**不使用欺騙手段：**基於尊重參與者和職業操守的原則，除非在特定情形下，且經過正式指派的倫理委員會許可，才能使用欺騙或隱匿的方式。

（十）**匿名性的預設與維護：**匿名性的預設，即是公共參與研究的前提在於他們知道自己是匿名的，而且匿名性會受到保護。因此，若要使用真實姓名，須獲得參與者明確授權，又或其身分可從上下文脈絡明確判定（例如當地市長或是其他公眾人物）。

（十一）**有權檢視或修改文字紀錄：**當民眾被指名出來或是他們的身分能被識別，參與者有權檢視他們如何在文字紀錄中被引用，並且能修改文字紀錄或是撰寫文件的初稿，以確保其同意被記錄的方式。最良善的社會研究實作是將這項權利賦予所有的參與者。

（十二）**個人事務的保密：**尊重參與者也就是要保密，即不公開所有關於隱私、個人事務及觀點之資訊，也不透露這些資訊是何時取得的。這也代表從業人員有責任判定某些東西應被撰寫進入報告、又有哪些東西不應公開。從業人員獲知某些參與者事務，這並不意味著他們自動獲得授權而有資格到處張揚。從業人員基於信任而取得若干資訊，保密就是應被保護的原則。

（十三）**資料保存：**基於個人資料及研究參與者身分保密之故，必須確保所有資訊存放安全，避免任何未經授權的取用。最好也能有明確保存年限，在此之後資訊會被銷毀。由於若干制度要求，從業人員要能提供原始資料，以備稽核、申訴或是確保沒有偽造行為，資料保存的年限通常延續到開發行為完成的若干年後。

（十四） **鼓勵參與：**從業人員有倫理責任來確保所有相關人士及群體都被涵蓋在研究內，即便他們起初可能被排除，例如因語言問題、性別不平等、文化互動方式、地理上的不便、參與的成本或其他在特定開發行為所導致社會排除的因素。從業人員應用真誠的態度鼓勵參與，提供適當翻譯、交通、出席費等以補償參與費用。

（十五） **倫理治理：**為了使倫理程序能適當運作，必須要有倫理治理機制。通常而言，這代表應有倫理委員會或其他機構，會事前審查研究計畫書、監督與監測研究行動、提供從業人員與參與者建議、對申訴進行裁決，尤其在涉及倫理上敏感的研究議題與方法，例如使用欺騙的方式或是訪談脆弱性群體。專業學會（例如國際影響評估學會）可以提供這種機制。此外，也可以與受影響社區或當地政府（地方、區域或是中央政府）、或是鄰近大學等機構協商其治理機制。

（十六） **申訴管道：**要有良善的倫理治理，社會影響評估研究所進行的方式需要讓研究參與者有申訴管道、有辦法提出補救行動，以回應他們的關切。申訴管道必須在程序上公正，並對參與者公開。

（十七） **研究方法的適當性：**基於尊重參與者以及專業的誠信，研究程序必須具有信度和效度。無論是無償的或是有報酬的，參與者都貢獻了時間，因為他們相信研究是正當的、值得的，而且是有效的。

（十八） **研究方法的充分揭露：**研究方法及分析程序必須完全公開，讓其他從業人員能複製操作該研究，讓同儕審查其方法的適當性以及是否符合倫理要求，也能鼓勵批判性的自我反省，以理解研究方法論的限制及其對於結論之意涵。

關於研究倫理的更多資訊，請參考：

Israel, M. & Hay, I. 2006 *Research Ethics for Social Scientists: Between Ethical Conduct and Regulatory Compliance.* London: Sage.

Vanclay, F., Baines, J. & Taylor, C.N. 2013 Principles for ethical research involving humans: Ethical professional practice in impact assessment Part I. *Impact Assessment & Project Appraisal* 31(4), 243-253. **http://dx.doi.org/10.1080/14615517.2013.850307**

Baines, J., Taylor, C.N. & Vanclay, F. 2013 Social impact assessment and ethical social research principles: Ethical professional practice in impact assessment Part II. *Impact Assessment & Project Appraisal* 31(4), 254-260. **http://dx.doi.org/10.1080/14615517.2013.850306**

社會影響評估二十六個工作項目的良好實作指引

本書開頭的 BOX 2 呈現了構成社會影響評估的二十六個工作項目。在此，將逐一檢視每個工作項目，探討其應特別留意的核心議題，目的在於推動良好的或者是最理想的實作。這並不是一份探討如何操作的指導手冊，提供的資訊並不見得在每一個情境下都能運用。本書讀者需要自行判斷，這些資訊在其特定脈絡下是否適當。也要格外留意，這些工作項目大致上雖以時序先後來呈現，但出現的情況往往是不同的工作項目彼此重疊、相互影響。有時下一步程序的結果提供了重要的資訊，有必要重新修正先前步驟所獲得資訊或是所採取的決定。

階段一：瞭解議題

工作項目一：

對所提出開發行為有充分瞭解，包含因開發行為興建與營運所需的輔助行為。

為瞭解開發行為的社會影響，首要的工作即是掌握開發案及其各種面向。開發行為通常涉及各種輔助行為與不同組成部分，影響通常產生於開發行為每一個組成部分之行動，並且貫穿整個價值鏈。因此，完整的影響評估需要充分考量組成整體開發行為的每個子行為可能造成之所有影響。舉例來說，開發行為可能要安置民眾，而這就會對其安置地點帶來影響。員工宿舍設施也會對在地社區帶來影響，水壩工程可能需要在離預定場址較遠的地點進行砂石採集，並且運輸石堆至水壩場址。

所有開發行為需要在預定場址運送貨物進出，這些運輸路線也是負面影響來源，有時候也會有正面影響。為充分瞭解開發行為及其背景，對於預定場址的範疇界定訪視是必要的，這不是在辦公桌上規劃就可以完成的事。

工作項目二：

釐清所有參與社會影響評估或與其相關的責任及角色，包括與其他專家研究的關係，確認國內法律與國際指導原則有被遵守。

環境影響必定會導致社會影響，而健康影響及人權影響也可以視為一種社會影響。因此，掌握其他進行中的研究，確保相互整合且有所互補，能有效地減少地方社區的負擔。在此，關鍵步驟即是取得社會影響評估範疇界定的共識。須注意的是，就如同其他專業從業人員，社會影響評估從業人員負有關照責任（duty of care），業主所關切的事項都應被處理，也就是要處理與開發行為相關的各式各樣議題，無論是在社會影響評估之內抑或是在其他性質的研究。更進一步而言，由於社會影響評估必然是反覆學習以及參與的過程，在開始階段，不可能判定要列入研究的所有事項。因此，委託與執行社會影響評估的人士，應預留承攬預算的彈性空間，好讓社會影響評估能對有可能浮現的新議題有所回應及評估。不言而喻，預算編列需足夠，以滿足評估所有相關議題之工作項目。儘管如此，社會影響評估理想上的時間規劃能對應業者的開發規劃，以儘可能使其發揮最大效用而影響規劃過程，又不會造成延宕，也是十分重要的。瞭解這一點並有所規劃，是開發單位與社會影響評估顧問的共同責任。

大型開發行為總是發生在多重治理的背景下，不同層級的治理會影響開發行為以及社會影響評估的進行，其中包括國際協議的內容（例如《聯合國企業與人權指導原則》）、國際規範（有可能是在產業協會的指引文件中詳細規定）、國家憲法規定的事務、國內的政策架構、國內法律、管制及其執行的方式、環境審查及許可的條件，以及政府及業者之間契約所規定的項目。如果契約有規定，業者要與在地社區簽定影響與回饋協議或是其他類似的協定，也會有需要特別關注處理的要求。有時候，在聯邦制的國家裡，在中央、州或省分、地方或市政府之間會有不同規定及期待。除此之外，大型開發行為經常是由許多企業共組經營財團，每家企業都有其自身的政策與程序。最後，大型開發行為也可能需要不同管道的財務支援。不幸的是，這些多邊開發銀行（如世界銀行、國際金融公司、亞洲開發銀行、非洲開發銀行、歐洲重建與開發銀行、歐洲投資銀行、美洲開發銀行等）的作法雖大致上相近，但是並非完全一致，有各自須遵守的程序及提交的文件。

即便沒有多邊開發銀行的融資，越來越多世界各地的商業金融機構簽署赤道原則，並且以遵守其規定作為開發行為融資之要求。關於營運的指引，赤道原則要求借款方遵守國際金融公司的績效標準，因而使得這些績效標準成為國際標準，不論開發計畫案是否有接受國際金融公司的融資。許多企業採取國際金融公司的績效標準作為其營運的基準，因此，社會影響評估從業人員要理解國際金融公司的績效標準，其重要性不在話下。

多重治理背景帶來開發行為要處理諸多議題。有時候，不同的指引彼此相互衝突，也有可能在若干議題方面，完全缺乏指引。社會影響評估從業人員最好能提出一項差異性分析，以釐清國內與國際標準之出入。同樣重要的是，社會影響評估從業人員與其業主（通常是開發單位）協商，確定要遵守的標準。如果出現了國內規定與國際標準之不同，這些落差要被詳盡說明，並且與業主取得共識。也要確保所有的當事人認知到不遵守規定所可能引發之後果。

工作項目三：

辨識出開發行為「影響的社會領域」、可能影響或受益的社區（無論是鄰近的或遠距離的）以及其利害關係人。

在環境影響評估作業中，主要影響區域（primary area of influence）或是衝擊區域（zone of impact）是經常採用的概念，但是卻不能直接運用於社會影響評估。所謂的「影響的社會領域」（social area of influence）是指有可能遭受開發行為衝擊的民眾，受影響的民眾包括「因地點而形成的社群」（communities of place）與「因為利益而形成的社群」（communities of interest）。受影響民眾的位置經常不像地理界線劃分得那麼清楚，或者與環境影響評估所判定的主要影響區域不一致。事實上，通常由技術專家所決定的緩衝區是不適當的。更甚者，下游的水資源使用者往往沒有被視為應被評估的受影響民眾。值得注意的是，社會影響不盡然隨著與開發行為場址的距離變遠而強度下降，民眾由於各式各樣的聯繫及網絡而彼此連結，開發行為經常有供應鏈及複雜的價值鏈，無論是後向聯繫或前向聯繫。「影響的社會領域」之定義，不見得要與地理界線相吻合。相對地，開發行為社會範圍之判定，應綜合利害關係人分析與社會繪圖（social mapping），而且是透過反覆性的理解過程，深入掌握開發行為對社會、經濟、政治及環境帶來之變遷以及可能受影響民眾之生計及網絡。

工作項目四：

藉由建立社區的基本資料（community profile），充分瞭解可能受開發行為影響的社區，其中包含：(1) 完整分析利害關係人、(2) 探討其社會政治背景、(3) 評估受影響社區之次級群體的相異需求、利益、價值及期望，且也要納入性別分析、(4) 評估社區的過往影響，也就是他們對過去開發行為及其他歷史事件的經驗、(5) 探討社區正在發生的趨勢、(6) 探討社區的資產、優勢及劣勢、(7) 斟酌採用意見調查。此工作項目通常稱作「建立社區基本資料」。

瞭解當地文化脈絡對成功的社會影響評估及開發行為是至關緊要的。要懂得欣賞不同社會有不同的文化價值、對於待人處事有不同的看法，這一點十分重要。這些差異有可能為開發行為的推動及社會影響評估的執行帶來許多挑戰，外來者（例如開發行為管理階層，有時候也包括了社會影響評估顧問）往往錯誤預設在地民眾與外來者有相同的價值觀，或是在地民眾有共同的關切。經濟學模型與其他概念架構之使用，或多或少帶有特定的意識型態與文化預設，更是強化了這樣的杆格不入。如此將會導致不良的影響分析，以及對減緩對策與效益提升策略的不良評估。因此，充分瞭解在地脈絡——藉由搭配其他方法，促進有效的參與過程（見工作項目六）——將會大大地協助社會影響評估與開發行為之執行。

以下的各節分別探討了應納入考慮的不同面向，這些都有助於充分瞭解在地脈絡。在地脈絡的分析通常以「社區基本資料」的方式來撰寫，其首要步驟即是完整的利害關係人分析。通常只需要一份文件，但是如果發現有超過一個相異的受影響社區，就需有描述不同社區的章節安排。

（一） 完整分析利害關係人

許多影響評估失敗的原因之一，即是沒有完全辨識出可能（潛在）的利害關係人，讓他們沒有參與評估。利害關係人有時也稱為「有利益關連且受影響的當事人」（interested and affected parties，英文簡稱 IAPs）。若未能充分認知到所有的利害關係人與權利持有者，有一些社會影響就無法被妥善考量，也會因此帶來問題。一般而言，開發行為可能的利害關係人包括了這些民眾：

- 直接衝擊區與受影響區域的居民，尤其是因開發行為而被迫實體或經濟遷移的民眾；
- 被遷移民眾安置地點之周遭社區，無論是有規劃的安置，抑或是民眾自行選擇的遷徙；
- 生計可能受開發行為威脅與影響的遠近社區與居民；
- 因為灌溉水道、礦石開採、道路、鐵路及輸配電力線等相關工程而受影響的民眾；
- 建廠勞工與他們的家人；
- 因開發行為遷入開發場所，以尋求工作機會或其他利益的民眾（這樣因開發行為導致人口移入的過程稱為蜜罐效應）；

- 建廠勞工或其他移入人口所在的鄰近社區民眾；
- 非常住的原住民或是其他與土地有連結的民眾（non-resident indigenous and other land-connected peoples），他們與土地、河流有情感連結（spiritual attachment），或是在建廠場址或鄰近地區享有傳統領域；
- 在地、全國或國際非政府組織（例如環保人士），他們關切開發行為可能造成生態或文化遺產之威脅；
- 其他利害關係人，例如開發單位或相關的承包商、管制機關、地方區域及中央政府、融資或開發機構，以及預期受益者。

不可能有一份放諸四海而通用的利害關係人清單，因為在地的文化脈絡總是會有不同的特定群體與不同的特定情況。我們也須瞭解，這些利害關係人的分類，意味著其內部具有相當的差異性，包含基於性別、年齡及脆弱性的差異（見以下的討論）。在地脈絡的重要性，可舉例來說，在安置過程裡，政府要求補償他們受損害的收入與喪失的資產，但是卻規定補償金要匯入男性戶長的銀行帳戶。這樣的程序被認為是很適當的，然而在一夫多妻制盛行的國家裡，受到重大影響的群體卻是男人的二房、三房或其他配偶。這些婦女同樣也受到開發行為的負面影響，但補償程序卻更加惡化她們的不利處境。她們沒有被社會影響評估及補償程序納入考慮。對地方文化脈絡更充分地理解，將可以使人意識到在地生活的這些面向，並提出不同的補償過程。

更多資訊參考：

IFC 2007 *Stakeholder Engagement: A Good Practice Handbook for Companies Doing Business in Emerging Markets.* Washington, DC: International Finance Corporation. **http://www.ifc.org/wps/wcm/connect/938f1a0048855805beacfe6a6515bb18/IFC_StakeholderEngagement.pdf?MOD=AJPERES**

（二）探討其社會政治背景

地方社區的社會政治背景也是一個應瞭解面向。民眾態度、價值觀、社會發展的目標、以及他們如何回應開發行為及其可能影響、對政府、開發單位與社會影響評估的信任程度等，都會受到社會政治背景深刻影響。地方晚近的政治歷史，是否存在公開的或有可能爆發的衝突，是否曾經歷衝突等，都是重要考量。瞭解他們的文化特性、民眾是否願意公開談論，都會影響社區參與過程之設計。法律制度的運作、民眾對權利與取得法律救濟管道之認知，也是相關的考量。

更多資訊參考：

Kemp, D. 2011 “Understanding the organizational context”, in Vanclay, F. & Esteves, A.M. (eds) *New Directions in Social Impact Assessment: Conceptual and Methodological Advances.* Cheltenham: Edward Elgar, pp.20-37.

（三）評估受影響社區之次級群體的相異需求、利益、價值及期望，且也要納入性別分析

應要特別留意，誠如上述不同利害關係人群體有不同利益，即使在同一個利害關係人群體之內，也會有個體之間的差異。受影響社區可以區分為開發行為受益的民眾（如正值工作年齡的男性），因為他們寄望開發行為所帶來的工作機會，以及其他擔心社會與文化衝擊的民眾（例如某些年長的婦女）。年輕人通常和年齡較長的民眾看法不同，尤其是關於傳統文化價值與行事作風。要確切掌握每個次級群體的意見是很棘手的。有時候，各種組織或個人可能試圖代表某一種群體，社會影響評估從業人員難以決定哪些組織比較具有正當性，能夠為某些群體代言。事實上，社會影響評估最好能在各個社會群體內收集原始資料，而不是依靠民意代表或團體領導人的說法，因為他們可能有各種的策略考慮，而不是忠實呈現群體內部的意見與關切。

「居民」的概念必須被解構，他們並非同質性團體，可能包含長期居民（在地人）、新移入者（新移入居民），以及將當地視為市郊宿舍區的人士（也就是說，他們的工作地點在別處），後者可能不會與居住的地點有強大的情感連結。居民也可能包含購置第二間房的人士，他們只是來當地過週末或度假。視在地脈絡而定，也可能會有包含非法移民在內的非正式聚落。如果開發行為管理者沒有將這些群體視為正當的利害關係人，社會影響評估從業人員就需以人權角度加以關注，因為這些民眾仍然是權利持有者，他們所遭遇的影響也須考量在內。也有民眾並不是居住在開發場所附近，但他們也有可能受到其變遷之影響，包括搭機通勤勞工、開車通勤勞工、旅客、當日來回的旅客、通勤族及購物者。諮詢他們對於變遷的看法並主動將他們的關注納入考量，可以有效改善與這些利害關係人的關係，並且帶來更好的決策。

村落（或社區）與家庭通常作為分析的單位，因為社會影響發生在不同層級，如個人、家庭、團體或社區層級上。有些影響只會與個人有關，其他的影響則因為衝擊了家庭結構及其運作，因此影響了家庭（或家庭及家族單位）。也有些影響則攸關整體社會，考驗社會制度是否適當。追根究柢而言，所有的影響都是由個人來承受的，但是他們在社會情境中的不同位置，個人所經歷到的衝擊會有極大差異。性別分析是必要的，能有助於理解女性和男性所受影響之差異。然而，同樣重要的是，女性並非同質的，需要細心處理以理解不同情境與不同類型女性的經驗，同樣的道理也適用於男性。某些開發行為帶來重大的環境變遷，可以預期的是民眾要更辛苦工作才能存活，在這種情況下，就要注意到女性往往承受了更重的工作負擔。如果男性離鄉背井到遠方工作（例如礦坑、工廠或城市），女性的工作負擔就會增加。即使男性有賺錢，他們通常將現金花費在消費品上，而無法減少女性的工作負擔。若是在當地鼓勵商業活動，使村民得以賺取額外的現金收入，為了獲得這樣的收入而增加工作負擔的人通常是女性。或可謂，計畫性介入加劇女性的艱難處境，事實上，為了改善社區福祉所提出的改善措施，也可能導致相同的結果，因為性別差異而使工作負擔分配不均。

瞭解民眾為何反對開發行為是有助益的。民眾至少會在意自己的擔憂是否有被傾聽，即便完全無法處理他們的擔憂。事實上在許多情況下，民眾的擔憂與反對是有辦法處理的，也許他們的反對是基於資訊錯誤、或錯誤的假設，闢謠止謗即可大大地減少民眾的擔憂。有時候民眾反彈是源自於和開發行為本身無關的擔憂。舉例來說，有些民眾抗議某個開發行為，因為他們擔心自己非法捕魚會開始被監測，或者限制他們前往其偏好的漁場。

更多資訊參考：

Eftimie, A., Heller, K., & Strongman, J. 2009 *Mainstreaming Gender into Extractive Industries Projects: Guidance Note for Task Team Leaders*. (Extractive Industries and Development Series #9). Washington, DC: World Bank. **http://siteresources.worldbank.org/EXTOGMC/Resources/eifd9_gender_guidance.pdf**

（四） 評估社區的過往影響（impact history），也就是他們對過去開發行為及其他歷史事件的經驗

雖然開發行為的員工與企業可能認為，他們不必為地方上的過去其他開發行為負責，這即是常稱的遺留問題（legacy issue）；從在地社區的角度來看，過往未解決的問題卻是要優先處理，否則他們不願考慮新的開發行為。在收購案子中，接手公司可能認為他們不需要對先前營運公司的行為負責，但對社區來說這卻是相同的開發行為，而且居民會要求目前營運的公司負責處理他們正在經歷的問題，即便這些問題是源自於先前營運者或探勘公司之行為。如果社區享有合法基礎來同意或反對一項開發行為（即知情同意權），企業就必得要處理遺留問題以取得社會許可，亦即社區的同意。然

而，倘若企業能夠真誠尊重社區，處理過往的問題有助於建立信任及良好關係，能提供營運的社會許可紮實基礎。對過去造成的傷害表達歉意，是展現尊重的一部分（見 BOX 7）。認知過往的問題，有助理解社區對於新開發行為的可能反應，也能幫助規劃減緩及促進措施。

BOX 7：一個誠懇致歉的例子

一個在 1980 年代開始生產的澳洲礦場，開採行為影響了一項對原住民婦女有重要意義的文化遺產。儘管開採公司與男性傳統領域持有人（Traditional Owners）達成協議，宣稱可以破壞該遺址，那份協議的簽定過程仍是不夠完備，而且帶給在地原住民社區的回饋也有所不足。儘管在地社區持續表達關注，營運的公司並沒有積極處理這些問題。後來礦場所有權易主，資深礦場管理階層也有所更動，企業文化才出現了新的尊重態度，最主要的原因在於擴廠的提議需要傳統領域持有人同意。一份以社區為基礎、賦權傳統領域持有人的新協議開始協商，並藉由確保他們對於協商過程的所有權而予以賦權。其中礦場、州與聯邦政府過去行為所造成的痛苦被徹底檢討。傳統領域持有人要求處理遺留問題，礦場應正式的道歉，否則他們將不會同意任何未來的合作關係。公司配合這些要求，舉辦了一項符合傳統的儀式，點燃煙火以淨化。最後，傳統領域持有人也同意所提議的擴建案。公司將這項過程視為一種學習的經驗，並大力宣導他們頓悟的故事。新的管理作法包括下列關鍵面向：

- 原住民掌控所有土地利用，以保護聖地及遺址；
- 對所有礦坑員工和承包商強制進行跨文化訓練的課程；
- 承認在地的習俗，將其整合到採礦活動及流程；
- 執行僱傭和培訓方案，提升原住民在礦場員工的比例；
- 採用環境共同管理的體制；
- 承諾傳統領域持有人能夠參與最終關廠規劃與除役；
- 採用收益共享模式，實際嘉惠在地社區。

（五） 探討社區正在發生的趨勢

對於社會影響評估而言，充分瞭解社區正發生的所有事情是很重要的，其中有兩個主要原因。首先，累積影響只能透過地方上發生的其他事情來瞭解。其次，社會影響評估作業的一環即是確立基準，以及如果沒有開發行為情況下，社區會發生的未來情境。關注當下趨勢是必要的，因為開發行為帶來的變化，並非監測初始、與此刻觀察所得到基準變項的絕對值之間差異，而是已發生之結果、與開發行為未曾發生（亦即是反現存事實的，counterfactual）兩種情境間的比較。無論是否涉及目前的開發行為，充分理解正在發生的趨勢，亦即社會變遷之過程，是有其必要性。

（六） 探討社區的資產、優勢及劣勢

理解社區代表知道社區的種種需求、他們如何看待自己的社區及對社區未來的願景，也有必要知道他們價值及精神信仰，這對瞭解他們將會如何經驗影響而言，是十分重要的。對特定社區有充分的認識，需要瞭解社區資產、資源、優勢及劣勢，這將有助於預測社區的影響及其可能的經歷，也能協助構思適當社會投資策略及其他社區發展計畫。在社區論壇中，優劣分析（SWOT analysis）可以是很好用的引言，進而探討開發行為能如何貢獻社區。

更多資訊參考：

Chambers, R. 1997 *Whose Reality Counts: Putting the First Last.* London: Intermediate Technology Publications.

Kretzmann, J. & McKnight, J. 2005 *Discovering Community Power: A Guide to Mobilizing Local Assets and your Organization's Capacity.* Evanston, IL: ABCD Institute. **http://www.abcdinstitute.org/docs/kelloggabcd.pdf**

Oxfam 2013 *The Sustainable Livelihoods Approach: Toolkit for Wales.* **http://oxfamilibrary.openrepository.com/oxfam/bitstream/10546/297233/8/sustainable-livelihoods-approach-toolkit-wales-010713-en.pdf**

（七） 斟酌採用意見調查

有各式各樣的社會研究方法，能用於理解社區對開發行為的關切及意見，這些方法各有利弊，在準確度上大不相同（就信度與效度而言）。關鍵報導人（key informants）有時清楚認知社區的關切，但也有時候他們可能是完全脫節的。焦點團體（focus groups）是經常使用的方法，不過關於焦點團體參與者之代表性問題，總有質疑的意見。如果調查在文化上是可以被接受的，那麼委託一份意見調查，收集足夠的樣本數以具有統計效力，就是一種評估特定區域民眾對開發行為的感知之良善作法。這些意見調查應在固定間隔反覆施作，以追蹤開發行為的認知、問題與感知到的社會許可之變化。

工作項目五：

關於下列諸點，要充分告知社區成員：(1) 開發行為、(2) 其他地方的類似開發行為，好讓他們可以瞭解將會如何受到影響、(3) 他們如何參與社會影響評估、(4) 在既有的管制架構與社會績效架構下，他們對於開發行為的程序性權利；(5) 他們的申訴及意見回饋機制。

為了符合所期待的程序透明，對社區予以尊重，並取得營運的社會許可，尤其是如果社會影響評估被視為知情同意權的一環，有必要確保受影響社區能充分被告知開發行為內容及其所帶來的影響。進一步來說，要獲得有用的社區回饋意見，以協助開發行為的規劃，若能使受影響社區能充分被告知開發行為之內容，也是比較理想的作法。如果接納社區以往有經驗過類似的開發行為，較有足夠能力去理解提案的開發行為可能帶來的後果。然而，如果開發行為對於接納社區而言是新的觀念，為使他們充分理解，就有必要提供其他類似開發行為如何影響在地社區的資訊。如果沒有這樣作，就是違背了知情同意權；無論如何，有預期的認知可以協助規劃因應與處理可能引發的變遷。因此，安排參訪其他開發行為的場址，有助於確保接納社區能被充分告知，並理解規劃中的開發行為可能帶來的影響。

普遍來說，討論與協商接納社區如何參與社會影響評估及開發行為，是必要的過程。告知參與者其法定及程序權利是基本要求，但理想上，業者與社會影響評估從業人員可以超越最低要求，促成受影響社區成員有更大程度的參與和審議。

完全揭露的另一個要件，即是受影響民眾可取得救濟和陳情（換言之，即是申訴機制）的可能性。申訴機制的設計與執行在底下的工作項目十八會探討，社會影響評估的參與者及受影響的民眾，需要在開發行為一開始討論時，就被告知他們如何提出申訴及回饋意見機制。《聯合國企業與人權指導原則》第 31 條，列出非司法申訴機制的有效標準，指出這種機制必須讓所有利害關係人能夠取用，重點在於，他們知道這項機制，而且也能夠使用。良善的組織運作也包括確保所有利害關係人瞭解到他們能使用申訴機制，也知道如何實際使用。

工作項目六：

設計出包容性的參與過程和審議空間，以幫助社區成員：(1) 瞭解他們會如何受到影響、(2) 判定可能影響及所提出效益是否可以接受、(3) 在被告知開發行為內容之後作出決定、(4) 協助社區構思未來願景、(5) 協助減緩與監測計畫、(6) 為變遷作好準備。

有效的參與過程對社會影響評估是至為重要的；雖然社會影響評估顧問有豐富經驗，可以合理判斷特定開發行為可能引發的諸多社會影響，但他們無法準確知道特定行為對當地民眾的結果或意義是什麼。舉例來說，外來者可能不知道也無法理所當然地得知聖地或其他具有在地歷史與文化意義的遺址。其他方面亦是如此，如果在地民眾沒有告知他們如何使用環境、哪些對他們是重要且有意義的事物，以及他們如何看待景觀、生計、社會結構之變遷，社會影響評估顧問也無法得知地方影響是什麼。

可能的影響和改善措施提案是否能被接納，必須由在地民眾來決定，否則這樣的決策就不具正當性。讓在地社區有足夠時間與資源，以充分審議可能經歷的社會影響，這一點是至關緊要的。因此要提供必要的時間與資源，以識別、瞭解、考慮並回應可能的改變。初始反應與深思熟慮後的回應有可能不一樣，因此要確保有充足時間，以促使學習與審議能夠進行。由於民眾很少有一致的看法，也需要時間讓社區以適合其文化的方式來思考其共同的回應。

進行上述的審議過程，是取得社區同意的必要手段，如此才能符合自由、事先、知情及同意之原則。賦與所有原住民與非原住民的社區權力，能夠提出有廣泛基礎的同意或拒絕（類似知情同意權），是國際認可的最佳實作方式，展現了對在地社區的尊重。如果沒有參與及審議的過程，開發行為無法宣稱其享有社區支持或營運的社會許可。

在地社區的未來願景需要由民眾自身以審議的方式來規劃。有願景是重要的，因為對計畫本身及其帶來的影響和利益的接受度，與居民對未來的願景以及該計畫是否吻合那個願景圖像有關聯。如果沒有可明確辨別的未來願景，人們總是對他們期想的未來會有自我圖像，有時是有意識，也有時是潛意識的。如果沒有關於未來願景的協商，及討論達成願景的策略方案，就不太可能有共同接受的未來願景。同樣地，當地人對未來有不同的想法，因此對不同理念之協商過程是必要的，以取得受到廣泛支持的願景。

為了協助民眾準備及因應即將到來的變遷，參與過程也是必要的。如果是強制加諸的，變遷往往會招致抵抗，也會被負面看待。反之，如果是經由協商且被視為可接受的，變遷會被容許，而且有可能被視為正面的。因此，變遷被當成負面的影響，經常是與促成變遷的過程是否具有正當性相關。即便如此，被接納的變遷仍可能帶來負面的影響與傷害。參與的過程有助於指認出因應對策，修正錯誤資訊及偏見，並且提出可接受的減緩策略。

參與過程對於創造正面的互動情境，使在地民眾願意提供有用資訊給開發單位，也是重要的。這些資訊可以包含一些有用的與寶貴的在地知識，有助於開發行為員工瞭解地方環境及場址。在發展中國家尤其如此，因其官方數據十分不足。洪水、冰雹、暴雨、洪峰的發生機率、頻率及嚴重度，或是經常發生雷擊的地方等，如果將這些資訊納入考慮，將會省下開發行為相當多的成本。然而，如果沒有正面的、真誠尊重的互動情境，在地民眾為何需要費心提供這些資訊？

在社會影響評估諮詢過程中，社會影響評估顧問開始有機會與社區接觸，理解他們關於未來互動關係、申訴機制、減緩措施的期待，以及參與社會影響監測的可能貢獻。如果這些意見能夠採行，納入社區意見的社會影響評估從業人員建議書應被認真考慮。過程與結果一樣重要，一個具包容性、參與性的過程是執行成功的關鍵。

世界各地介入計畫的評估都顯示，成功的介入個案都有相當程度的參與，同時也須注意的是，參與並不是萬靈丹，也不能保證社會影響評估或開發行為必然成功。總是有一些無法消解的衝突，原因在於計畫性介入會將社區分化成贏家與輸家，或是在介入之前，早就存在固有的緊張關係。瞭解在地歷史是很重要的，特別是關於這些潛在的衝突。我們也不能假設，只要提供參與過程，在地民眾就會選擇參與。不論開發行為員工的意圖為何，在地民眾可能認為這並非真心誠意的過程，他們不認為自己的看法會被慎重考量，因此不值得花時間參與，或他們可能覺得無所謂或沒有必要。社會上如果沒有參與的文化，就需要特別花工夫鼓勵並促進參與，尤其是針對處於不利位置的脆弱性群體。參與管道必須是對所有人開放，為了確保包容性，有必要構想不同的方法，以納入脆弱性群體與處境最艱困的社會成員。

工作項目七：

識別出需要被關切的社會議題與人權議題（亦即範疇界定）。

範疇界定可以定義為識別關切的主要議題，並判定哪些人是（該特定計畫性介入的）有利益關係且受影響的當事人之過程（參見工作項目四）。這是一道初步程序，目的在於提出一份暫時的議題清單，以供未來詳盡評估之用（參見工作項目九）。要有兩階段作業之理由，在於確保透明性及包容性，特別是因為可能的社會影響通常並非立即明顯可見。兩階段的設計也容許修正時間的架構與社會影響評估作業的成本，特別是因為範疇界定過程中有可能出現未預期的事件。範疇界定是開放的、持續的回應新資訊的過程。提供給範疇界定的回饋意見（即應被納入考量影響的建議），應有廣泛的來源，包括其他地區的類似個案之書面回顧、專家意見以及更重要的是在地民眾的建言。初步訪談可作為建立社區基本資料的一環，其能提供好的出發點。此外，進行以社區為基礎的工作坊，也能夠獲得有助於範疇界定的回饋意見。當然，工作坊的規模與地點等形式應儘可能地配合當地脈絡。舉例而言，有些社區認為婦女不應公開表達意見，因此分開舉行女性的活動，以確保任何議題與潛在影響皆能被納入範疇界定的過程。

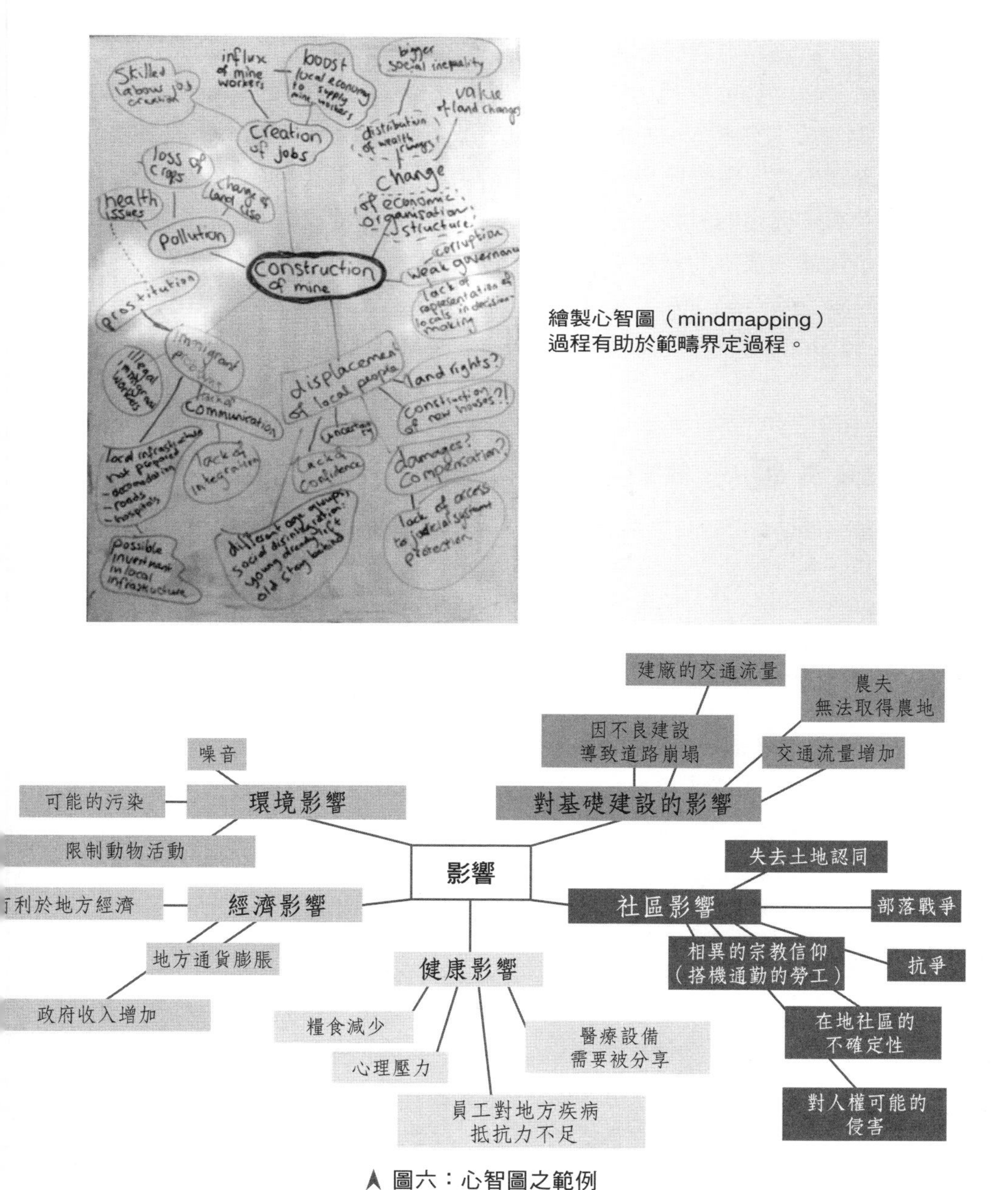

繪製心智圖（mindmapping）過程有助於範疇界定過程。

▲ 圖六：心智圖之範例

資料來源：荷蘭葛洛寧恩大學之學生（獲得授權使用）

範疇界定過程必須非常開放，以確保所有可能影響都被納入考慮。在之後的評估（工作項目九），才會真正開始評斷有可能的影響。為了使所有可能的影響都被指認出來，所有可能影響都應納入範疇界定。整體開發行為中的每一項作業（見工作項目一）都需要有範疇界定的過程，這是十分重要的。舉例而言，礦場的影響包括了對通往港口的鐵路沿線遠方社區之衝擊。在許多開發中國家，鐵路線直接穿過村莊、民眾經常穿越軌道，而孩童經常在軌道上玩耍（見 BOX 8）。

BOX 8：一個值得深思的案例研究

有一家礦業公司打算在某發展中國家興建新礦場，並且興建鐵路來運送礦石到幾百公里遠的最近港口，這條鐵路一部分會是新建設（綠地，greenfield）（按：即未開發土地），也會使用穿越人口稠密地區與許多城鎮的現有鐵路。一部分是為了回應政府的管制，以確保基礎建設發展的合理使用，另一部分也是由於公司對於促進效益的承諾、該公司決定讓長段鐵路不只用於礦石運送，也運輸一般貨物、燃料及旅客。這是一項好處，然而也意味著鐵路交通的總運量也許會比礦石列車多出兩倍。這是否應該也列入礦場的影響評估？

有些軌道沿線的社區民眾擔心礦石貨車所製造的粉塵，這是正常的顧慮。礦石貨車沒有覆蓋，雖然可以使用粉塵抑制劑，但無法確定粉塵抑制劑是否會適當使用，也不知道在高溫及大雨的情況下是否能維持長途效力。研究指出，與火車頭所排放的柴油煙塵相比較，粉塵排放是較小的健康風險，而且與軌道旁社區民眾所接觸、來自於其他源頭的無數有害物質相比較，粉塵更是微不足道。儘管有這樣的專家證據，當地民眾仍未採信，仍舊是他們所關心的議題之一。這是一種社會影響嗎？

鐵路沿線社區也關切，有些貨車將運載礦場所需要的炸藥與燃料。這的確是一種風險，但是其物品運送的風險，比起以拖板車或大卡車用道路來運送來的更低。現有鐵路沿線的社區民眾所面對的最大風險在於軌道使用量的提升；過去一天只有一班列車，過平交道不會等超過五分鐘，現在一小時不只一班列車，平均等待時間約十五分鐘。這會帶來日常生活的干擾、噪音公害以及意外風險的增加。

▲ 圖七：在許多開發中國家，房舍有可能非常接近火車軌道

資料來源：維基百科，創用 CC 授權

工作項目八：

根據主要的社會議題，收錄相關的基準資料。

社區基本資料（community profile）（見工作項目四）與基準資料（baseline data）是相關但不同的概念。社區基本資料是關於受影響社區豐富的、質性的描述，包括探討其趨勢與各種議題。基準資料則是一組細心挑選的社會指標（社會變項），針對特定社區的量化數據。基準資料是要用於比較，將受影響社區的數據當作是參考值，測量進展中的開發行為所帶來的影響，並且判定既有的設施是否足夠因應變遷。理想上，基準資料應取自於影響發生之前的狀態，但是現實上這些數據並非總是可取得的。基準資料需要涵蓋所有相關的議題，而非僅有能輕易取得的資料。因此，有必要謹慎考慮需被納入基準資料的社會議題。對於每一項關鍵性的議題，都要決定合適的變項和資料收集方式。

某些基準資料的變項可以從既有的數據庫中取得（舉例來說，次級資料如人口普查），但對於大部分的變項而言，既有的數據往往無法使用，或是尺度錯誤、或者是過時的。因此，適切的基準報告書需要花費相當多工夫，以確認重要的議題、決定合適的變項、以及收集資料。

基準資料顯示現存的狀態。除了基準資料數據以外，針對每一項被認定為重大社會影響之指標，也要決定適當的標竿（benchmark）與目標值（target value）。標竿是外部性的比較點，例如國際標準（像是世界衛生組織的建議）、產業規範、夥伴場址或是競爭者等相似狀況。一旦決定了標竿，就可以建立目標值，這是指開發場址所想要的達成狀態。有時候目標值等同於標竿，但仍可以依背景脈絡來決定其目標值。舉例而言，想要成為世界級領導企業的公司，有可能提出較嚴格的目標值。另一方面，如果確知某些標竿不太可能達成，也可以採用較低的目標值。一個相關的例子即是每十萬人所能享有的醫師人數，在鄉村地區，要求享有與都會地區平均一樣的醫師人數，就是不切實際的期待。

階段二：
預測、分析及評估可能的影響路徑

工作項目九：

透過分析，判定開發行為及其不同替代方案可能導致的社會變遷與影響。

範疇界定（工作項目七）提供社會影響評估從業人員一份初始的議題清單，而接下來的研究是實際地探討可能會發生的影響，以及所感知到的影響是否真會發生。這必須是一個開放的過程，讓新議題可以加入須考量的事件清單，也需要和其他影響研究交叉參照。舉例來說，環境影響評估可能揭露了自然環境的變化，或是在範疇界定時忽略的生態系統服務（ecosystem services）。一個關鍵的議題，在於許多開發行為初期是以小規模作業內容申請管制許可，但其實卻有準備擴大的計畫。影響評估需要考量合理預見的擴建提案，以及其他開發行為和可能伴隨出現的輔助產業。

一些潛在影響可能會是地方民眾真正的關切事項（感知到的影響）。在調查時，可能會發現這些關切事項難以得到評量。若事涉地方民眾，這些議題可能會影響到民眾對於開發行為的觀感、感知和行為，因此需要謹慎的介入，確保民眾認為他們的關切事項得到重視。其中很重要的觀念是，即使技術分析無法證實，民眾關切事項也應被視為合理的社會影響而加以評估。社會影響評估作為社會議題管理的過程，評估團隊可識別出民眾關切事項，並和地方民眾共同處理這些議題。

工作項目十：

詳盡地考慮間接（或者說二階或更高階）的影響。

除了直接影響外，間接、第二和更高階的影響，也需要有所考量並加以分析。需要謹慎思考這些影響可能是什麼，尤其是因為這些影響一開始可能不明顯。心智圖法過程（見工作項目七）可以協助思考影響路徑，但在社會影響評估的分析中（工作項目九、十、十一），這些影響路徑需要透過分析來證實。作為事前分析（亦即預先評估可能發生的影響），分析不必然包括資料的分析與收集，而可以和其他地方的經驗作比較，讓專家提供意見，並使用理性思考，進行情境分析。圖八提供了協助理性思考間接影響和影響路徑的一個良好模型。

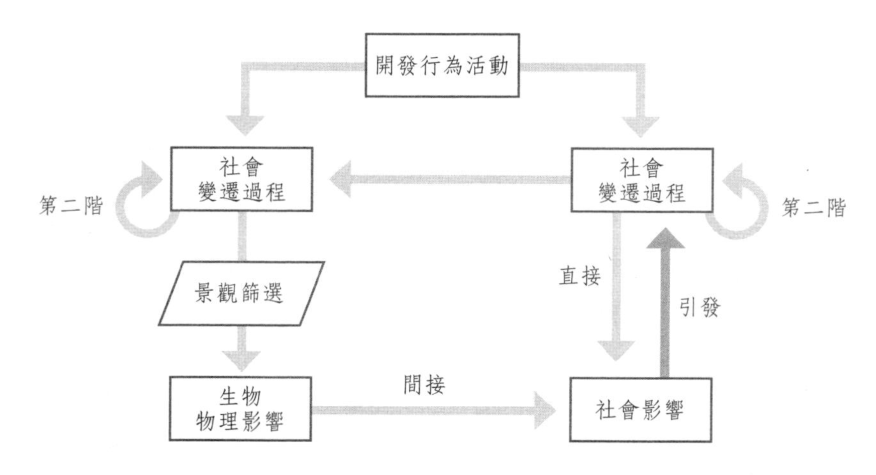

▲ 圖八：間接影響和影響途徑的思考模型

資料來源：修改自 Slootweg, R., Vanclay, F. & van Schooten, M. 2001 Function evaluation as a framework for the integration of social and environmental impact assessment. *Impact Assessment & Project Appraisal* 19(1), 19-28. **http://dx.doi.org/10.3152/147154601781767186**

在圖八中，開發行為裡每項主要活動皆須逐項考量。社會影響的路徑可能是直接透過社會變遷過程，或是生物物理環境的改變造成，例如環境污染。指示箭頭代表民眾對經歷的影響可能有的回應，以及之後可能發生的社會變遷過程，因此導致進一步的影響。社會變遷過程也可導致環境變遷，因而造成更多社會影響，如此循環下去。

開發行為移入人口是一項需要審慎考量的重大議題，有時稱作「蜜罐效應」或者流入人口。除了直接由開發行為所聘用、帶至開發地點的工人之外，大型開發行為也多半會吸引其他民眾尋求經濟機會，如開發行為內的工作，或提供開發行為及其員工多樣的商品或服務。這樣的情況可能大幅增加民眾移入的數量，和接納社區所經歷的影響範圍。

更多資訊，請參考：

IFC 2009 *Projects and People: A Handbook for Addressing Project-Induced In-migration*. Washington, DC: International Finance Corporation. **http://commdev.org/files/2545_file_Influx.pdf**

Vanclay, F. 2002 Conceptualising social impacts. *Environmental Impact Assessment Review* 22(3), 183-211. **http://dx.doi.org/10.1016/S0195-9255(01)00105-6**

工作項目十一：

考量開發行為對於接納社區造成的累積性影響。

影響評估不僅須考慮該開發行為的直接和間接影響，也應考量開發行為對接納社區所經歷的其他影響有哪些貢獻。所有影響皆有累積的面向。依社會環境系統的現存狀態，每項影響的經歷會有所不同；影響可能隨時間或空間而集中（或分散），並交互作用產生新影響。受到開發行為本身或不同計畫間行為、或過去和未來行為所導致，影響可能集中或交互影響。社會環境系統透過回饋或治理過程，回應這些影響（見圖九）。

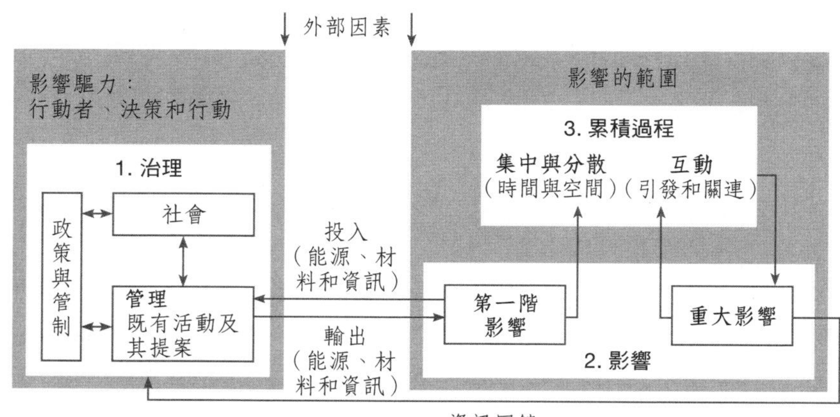

▲ 圖九：累積性影響

資料來源：Franks, D., Brereton, D. & Moran, C.J. 2013 The cumulative dimensions of impact in resource regions. *Resources Policy* 38(4), 640-647. **http://dx.doi.org/10.1016/j.resourpol.2013.07.002 (used with permission)**

若只專注在個別開發行為或發展活動，影響的累積面向就不易得到良好的理解和管理。對於社會環境系統的理解是需要的，而這必然要斟酌權衡，優先處理重大議題。整合概念如永續生計、生態系統服務或社會發展，可協助揭露影響之間的連結與互動關係。

下列方式有助於評估與管理累積性影響：

- 以民眾及環境所經歷影響的角度，瞭解影響因果過程（透過像影響路徑分析等方法）。
- 瞭解趨勢，特別是以基準研究（baseline study）掌握過去活動導致的累積影響。

- 考量相關設施，以及過去、現在和可預見的未來活動。
- 預測和情境分析（scenario analysis）。

任何管理策略的提案，都要配合影響產生的系統之尺度。和其他影響製造者進行合作與協調，可以協助處理主要的影響。合作的例子包含多重利害關係人監測、資訊交換、建立聯繫網絡、資料的策略規劃或共同管理。

更多資訊參考：

IFC 2013 *Good Practice Handbook on Cumulative Impact Assessment and Management: Guidance for the Private Sector in Emerging Markets*. Washington, DC: International Finance Corporation. **http://www.ifc.org/wps/wcm/connect/topics_ext_content/ifc_external_corporate_site/ifc+sustainability/learning+and+adapting/knowledge+products/publications/publications_handbook_cumulativeimpactassessment**

Franks, D.M. et al. 2010 *Cumulative Impacts: A Good Practice Guide for the Australian Coal Mining Industry.* Brisbane: Centre for Social Responsibility in Mining. **http://www.csrm.uq.edu.au/docs/CSRM%20SMI%20Good%20Practice%20Guide%20document%20LR.PDF**

工作項目十二：

判定不同的受影響群體與社區可能的回應方式。

工作項目九是有關識別可能經歷的社會影響，此處應考量的是不同的利害關係人群體會如何回應這些影響。不同團體受影響的方式未必一致，因此也可能會有不同的回應方式。舉例來說，一個在非洲南部由獵物農場（game farming）和旅遊業者掌控地區的新礦坑提案，由於地方的高失業率，礦坑可能帶來許多新的工作機會，因此民眾可能會屬意這樣的提案。然而，（富有）地主可能會反對礦坑，因為他們會承受視覺和景觀影響，以及後續在區域認同與地方感（sense of place）的改變。礦坑可能對當地的旅遊業帶來負面影響，而減少獵物農場的收入。因此，若未讓獵物農場業者進行參與，他們可能會運用其社會和政治資本阻礙開發行為的進行。

另一個例子是鄉村電氣化方案。提供電力給現今未能取得電力的家庭雖用意良善，但舉例來說，若地方民眾認為開發行為應該提供更多就業機會卻未能作到，那麼就有可能出現有組織的在地反對。這樣的例子顯示，不能因為開發行為看似有帶來好處，就假設它會自動取得營運的社會許可。

瞭解社會回應是必要的，部分原因是其有助於決定開發行為的風險，但對於間接（第二或更高階）影響的考量也是重要的。例如，在一個案例中，發展可能會破壞對當地原住民來說具有高度文化意義的土地，因此預期會有當地民眾反對，但開發單位認為他們可以提供足夠的利益以補償或取得當地原住民的同意。令他們意外的是，當地傳統醫療者（巫師、巫醫）強烈反對破壞該地點，因而禁止任何地方部落內的群體參與該開發行為。他們也詛咒開發行為，認為將會發生傷亡意外。這代表沒有當地民眾會為開發行為工作，導致地方社區獲得的利益減少。開發行為必須從外地輸入工人，導致工人與地方民眾的緊張關係。輸入的勞動力對當地社區造成一連串的其他影響，使民眾的生活狀況比先前更糟了。地方部落的持續抗爭最終引起國際關注，而致企業遭受違反人權之指控。

就特定影響而言，個人和社區有多種回應的可能，端視他們經歷影響的方式，以及認為其是否公平合理而定。回應的範圍可從接受、調適他們居住生活改變的情況，到激烈的反對和抗議。有時候，改變了民眾的日常活動，可能會導致更多影響。

BOX 9：山區大型水壩開發行為的社會影響

在包含數個大型水壩的巨型水利開發行為案例中，雖然起初當地民眾對開發行為有正面的看法，但到了開發行為後期階段卻因為遭受負面影響而出現許多反對聲浪。當地民眾認為許多承諾過的利益未能實現。部分培訓計畫的成效不佳，雖然試圖幫助當地民眾取得開發行為的工作，但卻在計畫後期才提供，也沒有教授開發行為所需相關技能。另一個抱怨是補償多是以食物和現金形式為之，許多民眾因此沒有得到對生活有幫助的物資。雖然他們因收入損失和生計干擾而得到財務上的補償，然而為了維持正常生活，一些民眾試圖繼續進行他們的日常活動，但卻受到水體和產業道路等方面的負面影響。高山畜牧者抱怨他們現在的工作變難了，因為水壩淹沒了以前作為冬季牧場的山谷（因為氣候關係不能上高山）。失去了冬季牧場，再加上之前作為避難所的山洞被淹沒，在寒冷的天氣裡他們的牲畜體重無法增加，而工作就更不易。他們也因景觀的改變而感到悲淒。土地和植被的損失，也導致先前所未考量到的社會影響，傳統醫療者抱怨他們無法取得草藥，使他們無法施行醫術。另一個新浮現的議題即是，儘管民眾事先知道會有淹沒區，但是他們不完全瞭解其意涵。先前鄰近的村莊，現在可能被水庫阻隔，導致村民無法與親友相見、照顧他們的土地或像以前一樣在各村莊進行交易。

▲ 圖十：山地畜牧者

資料來源：麥可・威廉斯 Michael Williams，Flickr 創用 CC 授權

工作項目十三：

確定預期變遷的重要性（亦即是將其排序）。

在所有的影響都得到評估之後，為了後續的行動，將影響的優先順序列出是必要的。用影響評估的行話來說這叫做「確立重要性」(establishing significance)、「重要性評估」(significance assessment)、「重要性之決定」(significance determination)。事實上，需要決定重要性的標準，並依據這些標準將每項影響加以評量（或排序）。有許多方法可以用於這樣的工作。多準則決策分析（Multi-Criteria Analysis）是一個常見的選擇，而風險評估的方法論亦是可能選項，其好處是使用產業界習慣的語言。這通常是針對每項風險（或潛在影響）對其後果和可能性加以評分（見圖十一）。在業界的用法裡，風險經常是由企業風險的角度來評估（商業風險），但沒有理由不能將這樣的分析途徑用於評估社區可能面對的影響（社會和環境風險）。事實上，可作多個風險評估，例如以各個不同利害關係人群體的角度來進行。風險分配（assignment of risk）可用工作坊的形式由利害關係人本身進行評估。

風險評量 ■低 ■中等 ■高 ■極高

		後果的層級				
		1	2	3	4	5
可能性的層級	程度描述	不顯著	輕微	中等	嚴重	災難性的
A	幾可確定發生	A1	A2	A3	A4	A5
B	很有可能	B1	B2	B3	B4	B5
C	可能	C1	C2	C3	C4	C5
D	不太可能	D1	D2	D3	D4	D5
E	可能性極低	E1	E2	E3	E4	E5

▲ 圖十一：風險評估架構

在正式的風險評估中，通常是用實證（量化）方法來決定可能性和後果的分配情況。然而，當存有很高的不確定性時，也可由一群人主觀地進行，考量每項議題，並尋求更多資訊。

風險評量（risk rating）是確立重要性和建立行動優先順序的一種方式，但也須注意即使微小的事也可以影響社區中某些人對開發行為的看法。有時候微小的事情很容易就能處理，因其在風險分析架構裡並不具重要性。因此是否採取行動，不應以風險評量（重要性的決定）作為唯一的依據。

更多資訊，請參考：

Mahmoudi, H. et al. 2013 A framework for combining Social Impact Assessment and Risk Assessment. *Environmental Impact Assessment Review* 43, 1-8. **http://dx.doi.org/10.1016/j.eiar.2013.05.003**

Maxwell, S. et al. 2012 *Social Impacts and Wellbeing: Multi-criteria analysis techniques for integrating nonmonetary evidence in valuation and appraisal.* London: Defra. **https://www.gov.uk/government/uploads/system/uploads/attachment_data/file/69481/pb13695-paper5-socialimpacts-wellbeing.pdf**

Rowan, M. 2009 Refining the attribution of significance in social impact assessment. *Impact Assessment & Project Appraisal* 27(3), 185-191. **http://dx.doi.org/10.3152/146155109X467588**

UK Department for Communities and Local Government 2009 Multi-Criteria Analysis: A Manual. **http://www.communities.gov.uk/publications/corporate/multicriteriaanalysismanual**

工作項目十四：

積極主動地設計規劃與評估開發行為替代方案，包含不開發及其他選項。

社會影響評估從業人員須與受影響社區進行所有可能的開發行為替代方案討論，包含「不開發」這項選擇。為確保每個選項正面和負面影響皆得到討論，並為社區所瞭解，社會影響評估從業人員需要提供一些指引。理想狀況下，應該鼓勵社區提出他們的開發行為替代方案和建議。社區可能無法完全瞭解開發行為的技術細節，而社會影響評估從業人員和其他開發行為員工會需要以非技術的語言解釋，確保社區可以作出知情後的決定。視覺上的協助如地圖、照片和模型可以用來解釋不同替代方案。

當社會影響評估已指認出開發行為會對社區造成無法減緩的嚴重危害、或導致社區衝突，評估實務工作者有其關照責任（duty of care），應知會開發單位，並要求針對開發行為的可行性重新評估，或者重新設計或取消開發行為。

階段三：規劃與執行策略

工作項目十五：

識別出處理可能的負面影響之方法——藉由使用減緩措施層級。

1. 避免	• 改變開發行為和計畫案（或潛在地點）以避免負面效應。這是最可被接受的減緩形式。
2. 減少	• 無法避免負面效應時，可在設計、建造或除役等階段，力求減少負面影響。
3. 修復	• 當負面效應無法進一步減少，可藉由回復、重建或補救環境的方法以限制其影響。
4. 實物補償	• 當無法產生新利益而仍有剩餘影響時，可以適度提供補償措施，讓相對正面的和負面的效應有所抵銷。
5. 他類補償	• 當實物補償不可行，可試圖用其他手段來補償，作為最後的處置。

▲ 圖十二：減緩措施層級

資料來源：修改自 João, E.,Vanclay, F. & den Broeder, L. 2011 Emphasising enchancement in all forms of impact assessment. *Impact Assessment & Project Appraisal* 29(3), 170-180. **http://dx.doi.org/10.3152/146155111X12959673796326**

減緩措施有不同的形式可以採用（見圖十二）。許多社會影響可藉由設計來減緩，例如減低水壩牆面的高度，會減少淹水地區，也代表移置人口的數量會減少，而遷移（relocation）和移置（displacement）所導致的社會影響可能最為嚴重。相較於單一大型水壩開發案，選擇建設一系列小型水壩的決策，有可能大幅減少影響。一座水壩、橋、或一條道路、鐵路、管線及電力線的精確位置或路徑，就其造成的社會影響或減緩效果而言相當重要。只是幾百公尺的長度，就可能對噪音和震動程度甚至美學感受造就巨大差異。改變水壩牆面幾十公尺的高度，被淹沒的範圍可能有重大差別。

公共參與可被視為一種預防或減少負面社會影響的減緩策略。參與可幫助提高對於計畫性介入的認知，因此也可以降低恐懼或不確定程度。當人們感覺被介入時，會因為知道介入對於公益的必要性，而較為傾向接受一部分的社會影響。反之，若未就涉及其生活的議題進行諮詢，就很可能引起憤怒與怨恨。有時候，民眾可能會因為過去經歷過的改變或不確定性，而感到十分憤怒。若有民眾發洩怒氣的情況，參與程序的重要性就十分明顯了。在這樣狀況裡，參與過程需要能讓民眾把憤怒宣洩出來，情緒表達後讓社區關係得到重建。的確，這樣的過程需要時間，但若不經歷這樣的過程，民眾怒氣的出現有可能增加潛在的社會影響。若能預料潛在的衝突，並作好爭議管理的準備，有助於避免影響的產生。有時適度談判和交易也是必要的。有成功的參與程序，協商結果才能持久。當然，開發單位與開發案人員不違反承諾，是相當重要的，這也需要對開發行為人員進行某種程度監測，以確保有遵循所設置的實作標準，例如作業時數、噪音程度和儘可能不對地方民眾造成干擾。

良好的程序（包括參與的和制度性的程序）會減少影響，而清晰的責任歸屬與良好的資訊流動，可促進程序的有效性。然而，社會影響評估程序的成功關鍵，是確保社會影響評估團隊的獨立性，好讓他們可以無須畏懼反彈而進行詳實的報告。只有這樣，所有的影響才能被周延地被指認出來，也才有被減緩的可能。

開發行為的許多設計面向，可能有助於減輕影響。正常情況來說，促進地方民眾的就業機會，將會減少影響並使利益最大化。若地方民眾並無符合需求的技能，企業可提供訓練課程以幫助就業。在某些案例裡，最佳減緩策略會依據狀況的不同而有所異。例如，當引進外籍勞工會大幅增加在地社區的文化差異時，最好將地方民眾與外來者異地而處，然而在其他案例裡，整合通常是較好的選擇。

工作項目十六：

規劃並執行促進與開發行為有關之利益與機會的方法。

社區不會只想要將危害最小化，也會想從開發行為裡獲益。不論設計得多好，開發行為總是會對民眾造成些許影響，其生活和所處社區也會經歷改變，尤其是就地方感而言。若企業想要獲得營運的社會許可，並確保受到經濟或實體移置影響的民眾，皆能完整回復甚至改善其生計，企業必須提供在地社區許多額外的利益。有六種方法可讓企業對地方社區有所貢獻：社會投資基金、在地成分（local content，在地僱用和在地採購機會）、共享的基礎建設、能量建構（capacity building）、促進或支持社區行動、及特定情況下支付地方機關或地主費用或稅捐。必須注意這些措施並不包含稅收，因為稅賦通常是繳納給中央政府，而且對企業營運來說是正常的要求，而非被要求提供的附加利益。理想情況下，所有開發行為都應考慮採用上述六種措施的組合。

為維繫企業營運的社會許可，在許多產業部門（特別是礦業）裡，有慣例以一定比例將利潤以策略性社會投資的方式，並作為開發行為共享價值的一部分，回饋給地方社區。例如，在非洲國家的一個礦坑案例裡，企業承諾開採每一盎司的黃金將提供一元美金，加上百分之一的稅前盈餘以回饋社區。若要作為社會投資，這筆帳目必須獨立於任何指名在地社區的權利金或補償金之外。社會投資可以下列形式進行：社區管理的社會投資基金；社區基礎建設，如學校、醫院等，和／或提供信用貸款（尤其是微型貸款，microfinance）給地方民眾，也讓民眾有機會開設公司而成為開發行為的供應商。投入社會投資基金的款項，基金的管理委員會可以決定立即使用基金（例如社區基礎建設項目），或可用於未來投資計畫。社會投資基金有許多議題需要考量，包括：受益者是誰、由何人決定款項用途、如何作成投資決策、以及政府相關安排為何。

社會投資基金須謹慎運用，勿讓現有的不公義狀況更形惡化，也不可成為社區衝突的原因。款項之使用務須明智而永續，且應避免短暫討好社區民眾。

在地成分指的是企業採取特定方案來加強在地經濟效益，包含承諾在地社區的民眾可獲得僱用，安排確保地方中小企業可以成為開發行為所需產品或服務的供應商。因此，在地採購意指應確保地方企業不會因為商機不公開及繁瑣的特定招標過程，而被故意排除在開發行為供應業務之外，而開發行為亦應對能量建構提出安排，以協助地方企業達到任何必要需求。

共享基礎建設，是指在開發行為場址，為促進在地民眾利益所採取的任何行為及輔助活動。開發行為的修正不僅可以減緩負面影響，也可以提升效益。促進可以用任何形式進行，但基本上是找出讓開發行為基礎建設也能供鄰近受影響社區使用的方式。有許多種開發行為基礎建設讓地方社區共享獲益的方式可供考慮，例如專供開發行為而建造的污水處理廠、發電廠和其他設施，也可讓鄰近地方社區使用，為開發行為特地建造的道路與橋樑亦同。開發行為之促進措施也可能意味著開發行為需有額外花費。

能量建構是指為促進地方民眾發展技能，設立相關訓練計畫和促進措施，這可以幫助民眾得到開發行為裡的工作機會，或成為開發行為的產品及服務供應者。除此之外，亦可加強民眾的一般能力，為社區整體提供財貨和服務；可以用員工訓練的方式，讓民眾在開發行為結束之後，仍然具備許多技能。有時候，開發行為工程階段短期合約所僱用的工人，在工程階段結束僱用終止時多少會失望及憤怒，尤其若是可能看到其他人仍保有工作。他們的考量很合理，特別是若其過往的生計無法繼續下去。在這種情況下，企業應協助受影響個人培養技能，協助他們在工程結束後的工作選擇。若社區成為了衝突或自然災難的受害者時，幫助提供創傷後壓力症候群的心理諮商，或衝突後管理課程，將有相當助益。企業的行動必須與在地社區密切討論，確保社區真正想要接受這些行動，不致於認為企業是在施恩或目光短淺。

更多資訊，請參考：

ICMM 2012 *Community Development Toolkit.* **http://www.icmm.com/community-development-toolkit**

Rowan, M. & Streather, T. 2011 Converting project risks to development opportunities through SIA enhancement measures: A perspective. *Impact Assessment & Project Appraisal* 29(3), 217-230. **http://dx.doi.org/10.3152/146155111X12959673796164**

工作項目十七：

規劃支援社區因應變遷的策略。

在任何時候，都有必要對社會議題重要性有所瞭解並具備敏感度。這不僅是對社會影響評估團隊成員適用，對環境影響評估團隊和開發行為員工也是如此。社會影響評估只能由合格、接受過社會影響評估訓練的社會專家（人類學者、社區心理學家、地理學家、社會學家、社工、保健從業人員等）進行，是無庸置疑的。有的時候，精神或宗教方面的影響相當重大，但此類議題可能是禁忌或敏感議題而難以被提出，尤其有外來者在場時。於此，培養社區領導者的自信（村莊牧師、醫生或其他地方專家或重要人士）頗為重要。例如，在水壩的開發行為裡，民眾的安置固然會有許多社會影響需要注意，但對已逝祖輩及其墳墓的安排，也可能需要更仔細的考量，若需要遷墳或重新埋葬，其過程可能會使村民相當苦惱。主動創設儀式或節慶以緬懷先人並慶祝新成員的到來，可以提供助益。儀式及節慶是重要的社會過程，幫助民眾處理影響他們生活的議題。由在地社區支持節慶的創辦，是變遷管理過程裡一項有效的因應策略。

更多資訊，請參考：

Magis, K. 2010 Community resilience: An indicator of social sustainability. *Society & Natural Resources* 23(5), 401-416. **http://dx.doi.org/10.1080/08941920903305674**

Maclean, K., Cuthill, M. & Ross, H. 2013 Six attributes of social resilience. *Journal of Environmental Planning and Management* 57(1), 144-156. **http://dx.doi.org/10.1080/09640568.2013.763774**

工作項目十八：

規劃並執行適當的回饋與申訴機制。

良好的社會影響評估和社會績效實作，都需有回饋機制的執行，才能讓利害關係人對社會影響評估有所投入，提出他們對開發行為的考量。參與程序對有效的社會影響評估是非常關鍵的，在社會影響評估的所有階段幾乎都有適用（見工作項目六和前揭章節）。然而，正式的申訴機制可提供額外的補救程序，確保權利人有管道獲得救濟。除了表彰開發行為對於人權責任的遵循，對於回饋機制良好運作提出真誠的許諾，可以增進信任，維繫並擴大開發行為營運的社會許可，減少社區損害和企業風險。

理想情況下，開發行為應有開放而易於溝通的文化特質。社區聯絡人員應和受影響社區建立良好關係，讓民眾可以安然地討論關切事項。然而不論聯絡人員認為自己有多麼容易聯繫，總會有一些社區民眾覺得沒有接觸管道，或覺得自己未受到重視。因此，及早提供數種回饋管道，並建立正式申訴機制，是很重要的。不同利害關係人群體，可能需要不同的申訴機制，特別是對工人和受影響社區成員而言。

雖說申訴機制是個好理念，按理說也應在過往社會績效實作裡擔任更重要的角色，但的確是在 2011 年《聯合國企業與人權指導原則》頒佈之後，對於申訴機制的注意大幅提高了。《指導原則》的三項重要原則是「保護、尊重與救濟」，其中救濟即是指應提供民眾適當救濟管道。事實上，獲得救濟管道也被視為是一種人權，《指導原則》鼓勵使用司法之外的途徑，但也要求確保司法途徑的存在，以解決爭議。

社區申訴機制（community grievance mechanism，英文簡稱 CGM）是以在地為基礎的正式管道，用以接受、評量和處理鄰近社區成員針對開發行為／企業、承包商和員工的表現或行為所提出的抱怨。《指導原則》將民怨（grievance）定義為：「基於受侵害社區在法律、合約、明示或默示的承諾、慣例實務或一般概念的公平而言，因感到不正義而引發個人或群體對應有權利之主張」。實際而言，民怨是指任何個人或社區團體要求企業或承包商解決的所有感知或實際的議題、關切、問題或主張（issue, concern, problem or claim）。

有時關切、議題或民怨之間會有所區分，關切與議題涉及較不重要的事務，例如提問、索求資訊、或與特定影響或事件相關或無關的一般感知。若未能處理得宜使提出的個人或群體滿意，關切就很有可能變成抱怨（complaints），導致開發行為失去社會營運許可。關切事項不需要被註記為正式的抱怨，但應該在適當的管理系統得到記錄，以辨識發生中的趨勢，在情況加劇之前透過社區參與先進行處理。抱怨或民怨，是指企業或承包商的行為導致之特定事故或任何損害、影響或不滿意的主張，不論其為民眾所感知或實際發生的。

申訴機制一般會遵循圖十三所示意的步驟，為使機制有效運作，程序必須為潛在申訴者所知悉且認同為合理。《指導原則》第31 條原則指出申訴機制適用的數種標準（見 BOX 10）。

隨著時間推移，應評估何為有效申訴程序。一般來說，完全沒有任何申訴並非好兆頭，因為這多半表示社區對於申訴是否能得到處理並無信心，或者他們並不知道申訴程序的存在，而不是代表開發行為完美無缺。一般來說，所有開發行為都會引發一些關切，與其視而不見，不如及早妥善處理。申訴機制有效性較好的觀察指標，可以查看案件結案率和申訴者對程序的滿意度。

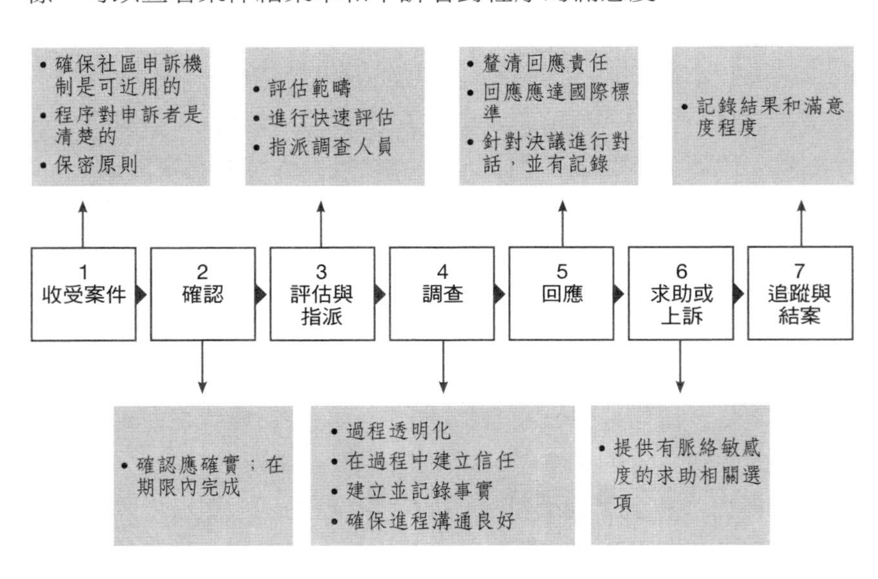

▲ 圖十三：進行申訴的步驟

資料來源：IPIECA 2015 *Community Grievance Mechanisms in the Oil and Gas Industry. A Manual for implementing operational-level Grievance Mechanisms and designing Corporate Frameworks.* **http://www.ipieca.org/system/files/publications/community_grievance_mechanisms_manual_2015_interactive.pdf**（經授權使用）

BOX ⑩：非司法申訴機制的有效標準

1. **正當的**：讓想要使用此機制的利害關係人群體能夠信任，並且讓申訴程序的公平處理是可課責的。
2. **易於使用的**：讓想要使用此機制的利害關係人群體對申訴程序有所瞭解，並對可能面臨特定使用障礙的利害關係人團體提供適當的協助。
3. **可預測的**：提供清晰而已知的程序，以及每個階段的處理時程，釐清程序類別、可能結果和追蹤執行成果的方法。
4. **公平的**：尋求確保受侵害之一方能得到公平的、知情的與尊重的對待，有合理管道可取得申訴程序所需之訊息、建議和專業服務。
5. **透明的**：告知申訴者處理進度，提供足夠的申訴機制績效相關資訊，以建立對其有效性的信心，滿足任何存在風險的公共利益。
6. **符合人權的**：確保結果和救濟措施與國際公認的人權一致。
7. **持續學習的管道**：制定相關措施，瞭解如何改善申訴機制，預防將來的申訴和損害。
8. **建基於參與和對話**：就機制的設計和績效，與想要使用此機制的利害關係人群體進行諮詢，並且聚焦在用以處理與解決申訴的對話上。

資料來源：《聯合國企業與人權指導原則》第 31 條原則（Principle 31 in United Nations 2011 *Guiding Principles on Business and Human Rights.* **http://www.ohchr.org/Documents/Publications/GuidingPrinciplesBusinessHR_EN.pdf**）

更多資訊，請參考：

IFC 2009 *Good Practice Note: Addressing Grievances from Project-Affected Communities.* Washington: IFC. **http://www.ifc.org/wps/wcm/connect/cbe7b18048855348ae6cfe6a6515bb18/IFC%2BGrievance%2BMechanisms.pdf?MOD=AJPERES&CACHEID=cbe7b18048855348ae6cfe6a6515bb18**

IPIECA 2015 *Community Grievance Mechanisms in the Oil and Gas Industry. A Manual for implementing operational-level Grievance Mechanisms and designing Corporate Frameworks.* **http://www.ipieca.org/system/files/publications/Community_grievance_mechanisms_manual_2015_interactive.pdf**

Office of the Compliance Advisor/Ombudsman 2008 *A Guide to Designing and Implementing Grievance Mechanisms for Development Projects.* Washington, DC: IFC. **http://www.cao-ombudsman.org/howwework/advisor/documents/implemgrieveng.pdf**

Rees, C. 2008 *Rights-Compatible Grievance Mechanisms: A Guidance Tool for Companies and Their Stakeholders*. Corporate Social Responsibility Initiative, John F. Kennedy School of Government, Harvard University, Cambridge, MA. **http://www.reports-and-materials.org/sites/default/files/reports-and-materials/Grievance-mechanisms-principles-Jan-2008.pdf**

World Bank 2012 *Feedback Matters: Designing Effective Grievance Redress Mechanisms for Bank-Financed Projects, Part 1. The Theory of Grievance Redress.* **http://hdl.handle.net/10986/12524**

World Bank 2012 *Feedback Matters: Designing Effective Grievance Redress Mechanisms for Bank-Financed Projects, Part 2. The Practice of Grievance Redress.* **http://hdl.handle.net/10986/18364**

工作項目十九：

促進社區與開發單位之間的協商過程，草擬「影響與回饋協議書」。

特別是在具有重大影響的大型開發行為，草擬和最終簽訂影響與回饋協議書（Impacts & Benefits Agreement，英文簡寫為IBA），對於開發行為所承諾內容的理解，及社區未來繼續要求企業遵守承諾，是一種很好的記錄方式。根據其特定脈絡，這些協議有幾種不同的名稱，包含：以社區為基礎的協議、社區發展協議、利益共享協議、合夥協議、原住民土地使用協議、培力協議、社區契約、共同責任協議、以及友鄰約定。然而，影響與回饋協議似乎是最適當的用語，因為它最能夠描述協議的性質。作為社區與開發單位之間的連結，社會影響評估從業人員在研擬影響與回饋協議上，扮演著重要角色，以確保協議不會只在簽署時達成一致決議，而是在開發行為的生命週期裡一個重要而有價值的文件。要作到這點，協議必須處理可能在未來成為社區關切事項的議題。

影響與回饋協議是社區與企業間的協商文件，有時也包括政府在內。過去影響與回饋協議多半只見於與原住民社區的協商，作為受影響社區的自由、事先與知情同意（FPIC）的紀錄與證據。事實上，影響與回饋協議是一種合法的協商契約，由社區代表提供支持開發行為的文件，以換取特定利益，例如特許費和其他直接給付款項、就業機會和社會投資承諾。影響與回饋協議也可記錄社區的任何特殊情況（例如與保護區、聖地等有關）。影響與回饋協議是具有潛在價值的工具，有助於處理受影響社區及開發行為／企業之間的議題，按理來講應該用於所有的開發行為。

影響與回饋協議應致力解決所有與社區是否給予開發行為廣泛支持或知情同意（FPIC）的所有相關議題，包括：所有財務給付；就業與簽約要求，包含開發行為對在地成分承諾的聲明；環境、社會和文化影響管理計畫與減緩措施；能量建構計畫，治理措施和申訴機制；與在地社區任何特殊關切事項的協議。影響與回饋協議的協商過程和結果一樣重要，因其有助於建立實質有效的關係以及尊重和信任。

企業與受影響社區之間，權力其實是不平衡的。不論社區是否簽署協議，企業應確保不會造成不合理的社會影響，也不會損害民眾的人權。為保障企業未來不會受到起訴或抗議行動影響（亦即非技術性的風險），企業必須確實完整揭露所有相關資訊，也確認社區完全瞭解相關議題。因此，社區必須有足夠時間考慮議題，並得到適當的財務支援，可以取得獨立的專業建議和法律支援。如果地方社區無法獲得獨立的專業建議，就難以在誠懇互信的狀況下達成協議。

雖然如何建立符合其文化的社區地位是由各社區決定，開發行為員工應確保社區裡的利益分配是公平的，且得到社區廣泛的同意。若簽訂的協議未有廣泛支持，代表後續可能會有問題發生。

更多資訊，請參考：

Gibson, G. & O'Faircheallaigh, C 2010 *IBA Community Toolkit: Negotiation and Implementation of Impact and Benefit Arrangement.* Walter & Duncan Gordon Foundation: Ottawa. **http://www.ibacommunitytoolkit.ca**

Keenan, J. & Kemp, D. 2014 *Mining and Local-Level Development: Examing the Hender Dimensions of Agreements between Companies and Communities.* Brisbane, Australia: Centre for Social Responsibility in Mining, The University of Queensland. **http://www.csrm.uq.edu.au/publications?task=download&file=pub_link&id=805**

Nish, S. & Bice, S. 2011 "Community-based agreement making with land-connected peoples", in Vanclay, F. & Esteves, A.M. (eds) *New Directions in Social Impact Assessment: Conceptual and Methodological Advances.* Cheltenham: Edward Elgar, pp.59-77

O'Faircheallaigh, C. 2011 "SIA and Indigenous social development", in Vanclay, F. & Esteves, A.M. (eds) *New Directions in Social Impact Assessment: Conceptual and Methodological Advances.* Cheltenham: Edward Elgar, pp.138-153.

工作項目二十：

協助開發單位促進利害關係人投入草擬社會影響管理計畫，以落實影響與回饋協議書中所同意的利益、減緩措施、監測安排及治理架構，以及處理任何可能發生之持續、非預期議題的方案。

社會影響管理計畫（Social Impact Management Plan，英文簡寫為 SIMP）是給管制者使用的工具，用以評估開發單位是否可以勝任其在辨識以及更重要地是處理社會影響。因此社會影響管理計畫最主要的課題，是企業如何將社會影響管理行動的執行，納入公司作業範圍之內。越來越多的管制者偏好要求開發單位提供社會影響管理計畫，而不僅是一般的影響說明書，這也說明了社會影響評估的焦點，正轉向影響管理（而非僅止於簡單的影響預測）。針對開發行為全部生命週期裡的減緩、監測和社會影響管理與機會，社會影響管理計畫釐清開發單位、政府、社區和其他利害關係人的角色和責任。社會影響管理計畫也提供機會，讓開發行為與在地和區域規劃作出連結。影響與回饋協議裡所同意的影響管理事項，必須納入社會影響管理計畫之中。

社會影響管理計畫通常轉化為不同的管理運作計畫，可指導企業的執行成效（見工作項目二十一與二十二）。為了發展實際而可執行的社會影響管理計畫，需要包括社區、開發單位、政府和其他利害關係人等眾多行動者的投入與接納。例如，提高手工捕撈漁民對於禁止捕撈區認知的宣傳，需要地方漁會投入參與設計較易成功。為確保能充分協商以達成協議，應留有足夠的時間。社會影響評估從業人員協助個別行動者考量社會影響管理計畫裡的各種事項內容及處理事宜。

很重要的是，我們須瞭解不論社會影響評估過程作得多好，總是會有一些非意圖和非預期的影響產生。社會影響管理計畫的一個重要層面，即是確定開發行為內容應含有社會影響持續監測和調適管理方案。

更多資訊，請參考：

Frank, D. et al. 2009 *Leading Practice Strategies for Addressing the Social Impacts of Resource Developments*. St Lucia: Centre for Social Responsibility in Mining. **http://www.csrm.uq.edu.au/docs/Franks_etal_LeadingPracticeSocialImpacts_2009.pdf**

Franks, D. & Vanclay, F. 2013 Social Impact Management Plans: Innovation in corporate and public policy. *Environmental Impact Assessment Review* 43, 40-48. **http://dx.doi.org/10.1016/j.eiar.2013.05.004**

Queensland Government 2010 *Social Impact Assessment: Guideline to preparing a Social Impact Management Plan.* **http://www.dsdip.qld.gov.au/resources/guideline/simp-guideline.pdf**

工作項目二十一：

研擬程序，讓開發單位、政府機關、公民社會利害關係人能落實社會影響管理計畫以及影響與回饋協議的安排，在這些不同團體之內，規劃並嵌入各自的管理行動計畫於其組織之中，並且在整個行動計畫執行過程中，確認不同角色及其職責，並且持續進行監測。

雖然社會影響管理計畫有可能是企業管理社會影響的計畫，也可能是管制工具的一種，多數企業在執行與記錄其計畫與行動時，多有其固定的文件和程序。內部版本的社會影響管理計畫，有時稱作社會績效計畫（Social Performance Plan）。重要的是，在社會影響管理計畫及影響與回饋協議所略述的所有工作項目和管理行動，都由適當的行動者加以記錄和執行。每項行動需要清楚分配給一個負責人或機關，並於其工作計畫中執行。許多工作項目也將分配給開發單位，但有一些工作項目可能交由其他利害關係人辦理。必須注意的是，一些影響監測的工作項目，應交由其他機構執行，以確保所有的社會活動如期進行。若有資深管理階層能挺身倡導企業內的社會影響管理計畫和社會議題，會有很好的成效。社會影響評估從業人員應試著尋找和培養可能的倡導者。

工作項目二十二：

協助開發單位規劃並落實進行中的社會績效計畫裡，處理社會影響管理計畫書所要求的承包商責任。

開發行為很少完全自給自足。大型開發行為多有承包商來執行各種不同的工作，它們是開發行為運作很重要的一部分。因此，所有由（開發行為的）經營者所作的協議，基本上也適用於所有承包商。實際執行開發行為的社會影響評估和社會影響管理計畫，牽涉到設計與執行承包商管理計畫以管理中高程度的風險活動，其涵蓋客戶及承包商在社會績效活動範圍裡個別的角色與責任。包括：

- 辨識出關鍵利害關係人，並維持和更新一份開發行為利害關係人名單。
- 每日與利害關係人協調，包含告知開發單位或承包商的開發行為作業內容。
- 投入活動（engagement activity）和承諾之紀錄。
- 研製溝通所需資料。
- 在承包商進入場址之前以及進入場址之內時，基於對社會影響的理解，擬定對承包商的要求事項。
- 定義社區關係連絡員在管理承包商表現上的角色。
- 確認所有開發行為工作及其方法相關的社會風險，並維持一份風險紀錄，以去除、減少或減緩風險。

- 向承包商經理就文化敏感度和勞工行為相關的議題，提出建議。
- 和承包商合作，通知受影響民眾，關於承包商作業所造成的任何不便或干擾，並減緩影響。
- 對承包商進行社會績效相關事務的訓練。
- 建立與外部利害關係人的信任與課責性，例如透過公共回報、申訴機制及第三方的社會監測。

管理承包商的社會績效，需要設計適當指引，將社會績效需求納入合約之中，這可以包括：承包商社會風險和機會評估；遵守行為準則；制定承包商規範，研擬承包商的社會績效計畫。這代表標案審核需考慮社會績效，並在最後的審核討論裡，審視廠商的社會績效關鍵績效指標（Key Performance Indicators，簡稱 KPI）。發包之後提醒承包商進場作業前所需準備，以及承包商違規時的處置，也同樣的重要。這需要建立一個社會績效管理系統，並提供許多層面的指引和訓練，例如行為準則、工地作業規定、與在地社區互動規範和申訴程序。工地裡各種議題的管理也應有清楚定義，好讓承包商可以主動管理社會議題。有些機制可促進廠商遵守規範，包括指派承包商社會績效聯絡人；讓開發單位與承包商的社會績效團隊有明確而分別的角色；提出共同社會績效計畫的共識。績效追蹤包括設立關鍵績效指標，選擇適合的回報機制與頻率，並在合約中提出誘因與罰則，以確保達成社會績效目標。

更多資訊，請參考：

Overswas Development Institute ca 2010 *Involving Large Contractors in enhancing Social Performance during Construction.* **http://commdev.org/files/1334_file_Involving_Large_Contractors.pdf**

Wilson, E. & Kuszewski, J. 2011 *Shared Value: A New Approach to Managing Contracting Chains in the Oil and Gas Sector.* London: IIED. **http://pubs.iied.org/16026IIED.html**

階段四：擬定與執行監測方案

工作項目二十三：

規劃指標以監測不同時期的變化。

社會影響評估是管理開發行為所帶來變遷而產生社會議題的過程。雖然這是一個調適性管理過程，但必須強調它是建立在對於開發行為執行的脈絡充分理解的基礎上，亦即社區基本資料（見工作項目四）和社會基準（見工作項目八）。為監測時間推移下的變化，重要的工作是針對不同利害關係人的關切事項，進行社會指標的識別和追蹤，以測量所有可能的影響和議題。同樣地，應確保有適當指標和監測過程，以追蹤需要被關注的特定族群，例如不同的弱勢族群和其他經常被忽視的族群（包含移工、依交通路線而居的民眾、以及居住地接近爆破工程或其他顯著影響來源的居民）。同時，也需要考慮非預期事件的監測機制，透過監測可以評估減緩措施的有效性，並適時修正行動。另外，不論任何非預期的事件發生，都可以立即被處理。指標也用以測量潛在的累積性影響。

為了測量剩餘影響（residual impact）、影響產生的後果以及時日推移下減緩措施是否成功，首要步驟是決定什麼需要被測量。任何潛在影響或關切議題，需要透過一項或多項指標（變項）以進行監測。指標通常要有以下特徵：針對特定議題考量而提出；能夠得到適當資料，因此可以測量和達成；由於當指標數值超出標準時，必須牽動回應機制進行反應，因此指標可謂帶有行動取向的特性；在統計意義上可信賴（亦即精確）；對時間具有敏感度，亦即可在有意義的尺度上迅速地追蹤變化。除了以上特性，也建議一些指標應具有其他特性：建基於利害關係人的自身經驗，因此是主觀的；

與相關利害關係人一同研擬，因此具有參與性質；對他人來說易於闡釋和溝通；與其他資料和脈絡交叉核對和比較；將權力賦予所有利害關係人，因此在其發展和執行來說是一種正面經驗；對於不同利害關係人（特別是涉及女性和脆弱族群）的不同議題面向，具備多元而有區分的分類考量。

所有範疇的利害關係人，皆應在開發行為進行過程裡有所參與。在研發指標的過程裡，他們可以提供許多貢獻，例如：指標是否具有相關性；它們是否真的測量到了想要進行測量的面向；基於在地知識，是否有更好的方式來測量議題；監測計畫是否漏掉了應該要被測量的重要事項。測量頻率必須對各項社會指標來說是合宜的，且能發掘到潛在議題的嚴重性（或是環境影響評估所謂的重要性或顯著性）。如果持續測量是可行的，就應該執行，但若無法持續測量，那麼測量的頻率應該在合理的時間架構內，能夠發現問題並施行矯正措施。就某些影響而言，也許已有現存指標和相關資料搜集機制可被適當地使用，但大多數的議題將會需要研製新指標和執行新資料搜集過程。預留充分時間和預算以發展和測試這些指標，確保其在未來有所用，是相當重要的。若是為了減少成本而使用不良的社會指標進行測試或預試過程，最終會搜集到無用的資料，或者無法偵測到可能發生的嚴重影響，而導致企業風險，長期來說可能造成資金的浪費。因此，謹慎地研提和監測各種指標，是有效的風險管理策略。

更多資訊，請參考：

Lennie, J. et al. 2011 *Equal Access Participatory Monitoring and Evaluation Toolkit.* **http://betterevaluation.org/toolkits/equal_access_participatory_monitoring**

Roche, C. 1999 *Impact Assessment for Development Agencies: Learning to Value Change.* Oxford UK: Oxfam. **http://policy-practice.oxfam.org.uk/publications/impact-assessment-for-development-agencies-learning-to-valuechange-122808**

Vanclay, F. 2013 The potential application of qualitative evaluation methods in European regional development: Reflections on the use of Performance Story Reporting in Australian natual resource management. *Regional Studies*. **http://dx.doi.org/10.1080/00343404.2013.837998**

工作項目二十四：

研擬參與式監測計畫。

一旦指標已經產生（工作項目二十三），便須納入監測計畫裡彙整，監測計畫宜以參與的方式研發而出，且若要維持其正當性，應在治理和監督過程審慎考量。監測計畫應作為一種指引，以顯示影響將如何隨著時間而被監測。須明示指標為何、它們如何和特定社會議題相關、如何定義與運用每項指標、以及各項指標測量方式及其執行頻率。監測計畫必須說明誰將負責執行測量、如何溝通結果、以及如果超越協商同意的標準（標竿）時，將有何種處置。

關鍵的利害關係人需要同意重要監測議題：使用何種測量方法、監控的頻率、專責人員，以及最重要的是，結果該如何回報給所有利害關係人。

監測計畫應該是動態的工作文件，應定期被審查，以決定是否所有的指標仍具相關性，測量方法是否仍適宜（尤其是在技術進步之時），以及是否有浮現任何新議題而應涵蓋於監測計畫裡。利害關係人的參與，對監測計畫成功執行與否及其正當性相當重要。缺少了利害關係人的參與，可能導致監測計畫被視為一種橡皮圖章式的作業而缺乏實質參與承諾，進而減低了開發行為營運的社會許可。

監測計畫應以可執行的方式，對影響進行測量。如果監測結果指向有需要對某一影響提出管理行動，也必須要能知道在何處及何時介入，以處理議題。若企業希望能維持並提高營運的社會許可，就必須對如何干預才能滿足利害關係人有所瞭解。處理負面結果的程序，應在開發行為起始時就存在，如此可確保行動快速而有效地進行，且有充足的預算可以預備支用。在突發事件出現時，為了對利害關係人有所交待，以維持營運的社會許可和正當性，迅速而有效率的行動是最為基本的原則。

更多資訊，請參考：

Office of Compliance Advisor/Ombudsman 2008 *Participatory Water Monitoring: A Guide for Preventing and Managing Conflict*. Advisory note, Washington, DC: IFC. **http://www.cao-ombudsman.org/howwework/advisor/documents/watermoneng.pdf**

IFC 2010 *International lessons of Experience and Best Practice in Participatory Monitoring in Extractive Industry Projects.* **http://commdev.org/international-lessons-experience-and-best-practice-participatory-monitoring-extractive-industry**

World Bank 2013 *How-To Notes. Participatory and Third Party Monitoring in World Bank-Financed Projects: What can Non-State Actors do?* **http://siteresources.worldbank.org/EXTSOCIALDEVELOPMENT/Resources/244362-1193949504055/4348035-1352736698664/8931746-1364579999657/HowToNotesParticipatory&TPM.pdf**

工作項目二十五：

考量如何落實調適性管理和社會管理系統。

社會環境經常在改變，並且也不斷適應這些改變。因此，就管理和監測社會影響而言，保有彈性是相當重要的。調適性管理原就屬於社會影響管理的一環，強調監測和定期回報的重要性。由監測所收集的資訊，應用於更新社會影響管理計畫或社會績效計畫，這些計畫須為動態文件，應定期被審查與更新（也許每年更新）。調適性管理過程應納入所有利害關係人的參與。社會影響管理計畫或影響與回饋協議裡所訂定的程序，可以用於調適性管理措施，包括利害關係人會議，讓民眾可以依據現有過程的成果，討論正面或負面影響，並規劃未來。

每項開發行為都有大量的社會績效／社會影響評估活動需要執行、監測、追蹤或回報等等，以本書所討論到這些活動的範圍而言，全面進行追蹤是有所困難的，特別是社會績效相關人員有所更動時。社會管理系統的執行有點類似環境管理系統，或許將其整合成為社會與環境管理系統，也是需要被考量的一點。

更多資訊，請參考：

Endter-Wada, J. et al. 1998 A framework for understanding social science contributions to ecosystem management. *Ecological Applications* 8(3), 891-904. **http://onlinelibrary.wiley.com/doi/10.1890/1051-0761(1998)008[0891:AFFUSS]2.0.CO;2/abstract;jsessionid=2B7941B2CE5A377A35634CA71B92B1E5.f03t02**

IFC 2014 *Environmental and Social Management System Implementation Handbook: Construction.* Washington DC: International Finance Corporation. **http://www.ifc.org/wps/wcm/connect/c03aa6804493c5bba71aafc66d9c728b/ESMS+Handbook+Construction.pdf**

工作項目二十六：

進行評量與定期審查（查核）。

在開發行為的全部生命週期裡，都應該持續監測社會影響、調適性管理社會議題、處理申訴，並為在地社區創造利益。就此而言，開發行為的社會績效工作是持續不斷進行的。通才型的社會影響評估從業人員，涉入階段多半在所有初始議題得到解決且大多數系統已就定位之時停止——像是，通常到工程結束，開發行為營運階段開始時。在這個時候，可以對社會影響評估工作的成果進行評量。藉由評估何種社會影響評估工作項目是有用的、何種不甚有效，這可以讓我們學習到很多。雖然監測與調適性管理的程序要處理所有社會影響評估所未考慮到的任何議題或影響，評量工作的意圖是要回顧和改善計畫案的整個社會影響評估過程，也讓評估實務工作者（從業人員）、公司能有所學習，且若可以廣泛分享，其他社會影響評估從業人員亦可學習而獲益。這有助於改善評估的預測能力，而能更精密調整減緩和促進措施。

除了在社會影響評估完成時進行檢討工作，每項開發行為應有定期審查。調適性管理過程應處理任何續發的議題，也需查核實情，確認調適性管理運作良好。查核可以幫助決定任何剩餘影響或累積性影響，是否有嚴重偏離目標的情況產生。

由於一些大型開發行為預計會持續很多年，為確保開發行為能達到國際間良好實務的標準，定期查核是比較適當的。良好和最佳實作會隨時間改變，除非開發行為持續創新，否則曾經是良好或最佳實作可能很快就過時了。本文件裡所提到或其他地方經歷的許多案例經驗，皆有許多例子是因為不善的規劃和其他缺失，導致了負面結果，即使一開始是立意良好的。由此可見定期查核（例如每三年到五年間）的重要性。

開發行為或開發行為所有人（公司總部）可要求內部查核，而其他利害關係人也可以提出查核要求，也許是以經常性質或是專責方式進行。許多利害關係人可以在開發行為中發揮權力。舉例來說，若社區申訴機制未能讓民眾的申訴得到妥善處理（見工作項目十八），利害關係人可能將抱怨提交給開發行為出資方，使得情況更為複雜。若事涉國際金融公司（IFC），這些申訴案會提報給巡查官辦公室（Compliance Advisor Ombudsman，簡稱 CAO）（http://www.cao-ombudsman.org）。CAO 每年會接到約四十個申訴案，其中十五件左右 CAO 視為合理適格。雖然申訴是民眾的權利，而且許多申訴案常揭露開發行為重大問題，但申訴的確也為公司員工增加許多額外的工作，也招致負面的關注。即使申訴未能成立，仍有可能讓公司的名譽受損。運用定期內部審核這樣的作為，盡力避免申訴案件的產生，會是一個適當的預警措施。

過去十年以來，有越來越多的資金投入道德投資（ethical investing），也就是在進行投資決策時，納入環境及社會因素的考量於投資選擇之中。許多大型退休基金和機構投資者紛紛轉向道德投資。雖然這個趨勢通常影響到的是新進投資決策，但也會導致對現有投資的審核和公開上市公司是否有達到道德投資標準的需求。在一些案例裡導致了開發行為的稽查作業（盡責調查評估），用以確定開發行為是否符合審查人權和社會績效事項的期望，如果有不利的裁決，一些退休基金將重新考慮其投資決策。如此這樣的撤資對相關企業將有重大影響。在未來，社會影響評估顧問的查核或盡責調查評估的工作可能大幅增加。

大多數公司遵循持續改進的概念，以及規劃、執行、檢查、行動（Plan, Do, Check, Act）的原則。因此，定期查核是負責任的企業管理正常程序。環境管理系統認證程序（如 ISO 14001）是全球永續性報告協會（Global Reporting Initiative）的認證標準，而其他許多企業管理哲學和程序亦有定期審核的期待。

更多資訊，請參考：

Aim for Human Rights 2009 *Guide to Human Rights Impact Assessment Tools.* **http://www.humanrightsimpact.org/fileadmin/hria_resources/Business_centre/HRB_Booklet_2009.pdf**

International Business Leaders Forum & IFC 2011 *Guide to Human Rights Impact Assessment and Management* (HRIAM). **http://www.ifc.org/hriam**

Kemp, D. & Vanclay, F. 2013 Human rights and impact assessment: clarifying the connections in practive. *Impact Assessment & Project Appraisal* 31(2), 86-89. **http://dx.doi.org/10.1080/14615517.2013.782978**

Morrison-Saunders, A., Marshall, R. & Arts, J. 2001 EIA follow-up: Best practice principles. **http://www.iaia.org/publicdocuments/special-publications/SP6.pdf**

Storey, K. & Jones, P. 2003 Social impact assessment, impact management and follow-up: A case study of the construction of the Hibernia offshore platform. *Impact Assessment & Project Appraisal* 21(2), 99-107. **http://www.tandfonline.com/doi/abs/10.3152/147154603781766400**

World Bank 2013 *Human Rights Impact Assessments: A Review of the Literature, Differences with other forms of Assessments and Relevance for Development.* **http://siteresources.worldbank.org/PROJECTS/Resources/40940-1331068268558/HRIA_Web.pdf**

社會影響評估報告或社會影響管理計畫的基本內容

社會影響評估報告或社會影響管理計畫文件（外部審核專用），一般來說會包括以下項目。各章節的撰寫及其排序，會依據各個案例的情形及讀者的期望而決定。該個案所適用的法規，也可能有特定要求。各項目的順序未必是固定的，其中某些元素可能以獨立報告或是附錄的方式獨立呈現，而有別於主要報告。實務工作者必須盡力確保社會影響評估或社會影響管理報告變成有效的決策和管理工具，讓其他實務工作者和一般大眾易於理解，並提出明確的減緩措施。

章節標題	章節內容的描述
封面	
封面內頁	作者的出版聲明（以及評估工作和報告撰寫人員的名字）、出版者、出版日期和其他資訊，說明文件性質與原由。
執行摘要	簡短說明關鍵議題和結果。
專家審查說明	任何專家或同儕審核信件／報告（如果人數眾多的話或許以共同聲明行之），指出審查如何進行、審查者面臨的限制，以及審查者的任何評論、關切事項和建議。亦可提供報告撰寫者對審查者的回應。
引言	報告的引言可清楚說明主旨，也可以包含簡短說明解釋該報告於社會影響評估文獻／哲學的連結。

章節標題	章節內容的描述
開發行為簡介	提供開發行為及所有輔助行為的描述，以讓讀者瞭解開發行為。如開發行為有替代方案或選項，也可在此說明。
方法論	社會影響評估的整體設計說明書，解釋所使用的方法和社區參與過程，以及倫理議題如何考量與處理。也許會對關鍵概念有所定義或討論，並和社會影響評估或社會研究文獻有所連結。也應針對社會影響評估相關治理措施提出討論。討論重點也包括使用方法的限制，包含限縮或擴大社會影響評估範疇的決定。
適用的法律架構與標準	討論有關法律架構與適用特定案例的立法、法規和規範。這不僅包含地方立法、規定、相關機構及其對開發行為的責任，也可言及國際標準，如國際金融公司績效標準、國際產業組織的指引、以及本文件的內容。
社區基本資料和社會基準	如果延伸性的社區基本資料及社會基準以附錄的方式包含在內，至少也應包含關鍵特性及關鍵利害關係人團體的摘要；替代性地包括社區基本資料及基準資料。關鍵歷史議題也須有所討論。物質環境的關鍵層面和可能相關脈絡的瞭解也須納入其中。
範疇界定報告	討論評估階段考量到的所有潛在社會影響，每項影響應有清楚說明。若是以獨立報告呈現，應另外提供大綱。亦可記載於附錄。
關鍵社會影響排序	這是討論不同利害關係人如何受到影響，焦點應特別集中在原住民族、女性與弱勢族群。

章節標題	章節內容的描述
安置（摘要）	若有安置居民的需要，或有實體或經濟移置發生，簡短描述安置過程將如何進行，提供何種補償及其決策過程為何，以及採取何種措施回復和促進生計。完整的安置行動計畫，應另以單獨文件呈現。
減緩與管理措施摘要	應提供處理社會議題的減緩和其他管理措施清單，其中應有執行減緩措施目標的成本及時間表。
監測與應急計畫（調適性管理）	說明監測計畫如何進行，何者需要監測，如何監測，頻率次數，由誰負責，以及指標數值若超標時開發單位如何回應。
回饋報表	陳述開發行為對地方社區可能提供的回饋，包含所有社會投資行動提案、在地成分與採購策略。
現行社區參與程序，策略與申訴機制	描述所採用的社區持續參與程序，並描述申訴機制內容和申訴管理程序。
治理措施	討論適用於現行社區持續參與程序、申訴機制、監測過程和確保社會投資方案被持續接受的治理措施。
參考資料	所有報告中所使用的參考資料列表，和社會影響評估研究設計中提到的任何關鍵參考資料。
附錄	附錄會因開發行為的不同而有所差別，也會受到不同的報告內容所影響，但可能包括問卷、訪談進度表、同意書格式、延伸性的社區基本資料和基準資料、範疇界定報告（亦即詳列所有被認為可能是社會影響的議題）。

社會影響評估報告與社會影響管理計畫的審查標準

社會影響評估過程理想上應持續回報資訊給多方利害關係人，包括受影響社區和開發行為管理部門。透過社會影響評估所產生的資訊，可能在社會影響評估實際完成更早之前，就使用過了。由於須持續回報的緣故，社會影響評估應視為一項過程而非成品。儘管如此，在一般情況下，多半需要提出期末報告，以說明方法論、程序與評估發現。傳統上，社會影響說明書應等同於環境影響說明書的製作方式，而社會影響評估常成為環境影響評估／環境影響說明書的一環。然而，社會影響評估的最佳實務，是提出社會影響管理計畫（SIMP），而非只是列出可能的影響，SIMP 強調影響管理方式、減緩措施與促進措施的內容、現行監測項目，及相關治理措施。由於有持續回報的程序，報告裡應該不會出現出人意表的內容。良好的社會影響評估實務要求這些報告內容（事實上是整個社會影響評估過程）接受專業的同儕審查。與環境影響評估程序類似，社會影響評估報告在管制機構收件前，也會有一段公共評論時期。即使沒有管制要求，良好實務亦會堅持同儕審查程序，並要求報告得到受影響社區及同儕評論者的接受。如何評估報告的接受度是複雜的過程，以下檢核表提供評審和／或社區團體在閱讀社會影響評估報告或社會影響管理計畫時，所需考慮的問題清單。

開發計畫和替代方案的描述

- 報告是否針對開發行為提供了足夠的描述，包含場址的正確資訊，開發行為的設計、發展規模、所需人力、可能的時間表等等？

- 報告是否描述了開發行為提案的原由和目標，特別是其與在地永續發展的連結？
- 報告是否有考量其社會結果及永續發展目標，仔細斟酌開發行為的合理替代方案，包含「不開發」的選項，並列舉優選替代方案的主要理由？
- 是否對尚未決定的開發行為選項與所需投入有所討論？
- 報告是否描述場址周遭環境未來可能的土地用途？
- 報告是否描述了開發行為所導致、或為支持開發行為而產生的額外服務需求（水資源、電力、污水等）和輔助行為（清淤、採石等）（或釐清沒有額外需求）？
- 報告是否記錄並討論開發行為脈絡背景，並提供過往、現存或可能在鄰近地區發生的類似開發行為資訊，以便對區域內的累積性影響有適度考量？

社會影響評估方法論的描述

- 報告是否適切描述社會影響評估整體方法？
- 社會影響評估方法的每個環節是否有恰如其分的描述，並適切執行？
- 是否適切描述了社會影響評估中，有關利害關係人參與的策略？
- 影響預測方法是否適切地被描述與是否適當？
- 影響重要性的建立程序是否有所描述與是否合理？
- 社會影響評估整體過程及方法論方面的限制，是否有所討論？
- 是否對社會研究方法，有明顯而適度的認知，且適切參考社會影響評估方法和一般社會研究的文獻？

- 是否對開發行為社會影響評估的倫理事項（包括知情後的同意）有所討論？
- 在社會研究方法和社區投入的途徑上，對原住民是否有清楚明確的尊重？
- 是否有企圖將在地知識用於工作項目四的設計之中？
- 在影響評估及其他科學報告中，傳統知識與原住民宇宙觀及其理解，是否和西方科學以同等地位並列？

社區基本資料與基準資料

- 是否有針對社會影響，討論可能受影響區域的範圍（影響的社會區域或受影響區域）？
- 是否有提出適切的利害關係人分析，對區域內不同社會族群是否有合理的區分與描述？
- 是否有特別區分出弱勢群體並有所討論？
- 是否特別考量性別面向和議題？
- 是否指認出原住民、部落或其他族群對於開發行為的特殊利益（或明確指出該區域無此議題），以及這些討論是否合宜？
- 這項分析是否指認出和描述受影響各方利害關係人群體的特性，特別是哪些文化、經濟、生計層面讓他們易受影響而改變？
- 是否有指認出在地、國家和國際組織可能關注這項開發行為，或與受影響利害相關人有特殊連結？
- 是否有提供足夠的在地歷史討論，以合理地瞭解現有可能的社會關切事項及潛在的在地衝突？

- 是否有標明基準資料蒐集所使用的社會指標？
- 是否有說明各項社會指標的依據？
- 是否有討論基準資料的既有（次級）來源及其使用？
- 針對所選取的社會指標是否已有搜集基準資料？
- 各項社會指標是否有適當的目標和基準？
- 是否對資料缺口以及既有或可能搜集資料的限制有所討論？

社區參與和投入

- 是否有真正試圖指認出不同的利害關係人群體，告知他們開發行為內容及其意涵，並邀請他們投入參與？
- 是否有證據說明利害關係人的參與成果已運用於社會影響評估和開發行為規劃與開發？
- 是否有提供社會影響評估作業所接觸的團體名單？
- 是否有明確使用多樣的參與方法，以確保過程的包容性，特別是在必要時，有確保女性、弱勢群體和原住民族的參與？
- 是否在社會影響評估作業與開發行為規劃早期即已建立參與程序，讓這些參與程序得到的成果可以影響社會影響評估作業和開發行為的規劃？
- 是否有適當資源可以支持所有利害關係人的參與？
- 參與是否能有所持續，並有適當的回報和資訊核實機制？
- 開發行為和社會影響評估作業是否取得自由、事先和知情的同意？若有的話：
    - 宣稱自由、事先和知情同意的前提基礎，是否有明確建立？

- 對於「同意」的基礎，是否有所討論？
- 是否確實為「事先」？
- 「充分告知」的前提條件是否能合理建立？

範疇界定、影響評估和重要性的評定

- 報告是否指出如何界定範疇？
- 利害關係人是否有對範疇界定和評估過程有所貢獻？
- 報告是否明確指認出所有開發行為活動，並考量這些活動對不同利害關係人的影響？
- 是否有以變遷的性質與強度，以及受影響利害關係人的性質、位置、數量、敏感度和脆弱程度等角度來描述影響？
- 影響分析是否有考量不同群體可能的回應？
- 影響分析是否考量開發行為各階段（施工、營運與關廠後）對所有受影響群體間接（或次要與更高層級影響）和直接影響？
- 是否考慮所有合理的、可能的影響？
- 是否有和其他地方類似開發行為的比較研究？
- 是否討論、考量環境影響的社會與健康意涵（土地利用的變遷、排放量、生態多樣性或生態系統的變遷等因子）？
- 影響分析是否有考量人權議題？
- 是否對於影響排序（重要性的評定）有適當討論？
- 是否有討論有關異常事件管理和作業事故的可能性及其應變計畫？
- 是否考量異常事件和事故所導致的社會結果？

減緩與促進策略

- 報告是否描述了減緩措施，用以避免、減少或救濟開發行為造成的重大負面影響？
- 報告是否討論選擇減緩方法的理由，並描述可能選項，特別是在減緩尚未明確之際？
- 報告是否考量減緩措施可能的有效性？若有效性並不確定或是遭遇限制，是否適度地討論其意涵？
- 報告是否討論剩餘影響的範圍及其重要性？
- 報告是否討論剩餘影響和累積性影響的因應策略？
- 對於促進措施是否適度地考量（亦即，改變開發案的規劃，以增加受影響社區的利益）？
- 是否詳加考慮在地成分（在地民眾工作機會、在地採購）的可能性？
- 提出的減緩與促進措施是否實際而可行？
- 是否有討論因時間推移所可能導致的影響變化，以及針對變化而對未來減緩和／或促進措施作出調整？
- 是否實施社區願景過程，且討論社區所希望或偏好擁有的未來願景？
- 是否有提供社會投資貢獻計畫，並與在地社區適切討論社會投資倡議？
- 所提出的社會投資倡議是否具備永續性，且得到在地夥伴和政府全力支持？

- 若開發單位擔負服務與基礎建設的責任，是否有退場機制將責任交付給政府，又若在政府能力不足的情況下，退場機制是否提供政府能量建構的方案？

申訴機制及監測程序

- 報告中是否討論申訴機制的建立？
- 是否有證據顯示申訴機制受到重視，受影響的利害關係人知道申訴機制的存在，並在有關切事項時會使用？
- 是否為所有重大影響建立了監測程序？
- 受影響社區是否有參與監測過程，方式為何？
- 對於「調適性管理」是否有所討論，特別是有關社會影響的監測與管理？

回報、治理措施與一般議題

- 是否得以適當語言公開取得報告，或至少作出合理的努力，讓在地民眾取得報告資訊？
- 社會影響評估和開發行為的發展過程是否符合對於合理與透明化的期待？
- 報告的內容編排是否有合理邏輯？
- 報告是否描述社區投入如何影響社會影響評估的結果、結論或所採用的途徑？
- 是否有適當的資源和時間，進行社會議題的調查過程？
- 顧問是否具備專業、經驗，並在社會議題和社會影響評估上有豐富知識？

- 是否有合適的社會影響評估專業人員進行同儕審查？
- 社會議題的考量，是否提早於開發行為早期階段即已開始，以便有效管理？
- 開發行為員工和資深企業管理人是否簽署同意社會影響評估的結果，並承諾執行評估提出的建議與合意之策略？
- 未來行動的所有角色及責任是否有被清楚地指認出，並指派特定個人或職位專司其責？其關鍵績效指標是否包含這些責任？
- 報告涉及的其他方或機關，是否對其被指定的角色有所承諾（例如地方政府、政府機關、第三方）？
- 承包商與供應鏈的角色是否已被適當地考量，並且是否可以證明監測過程的存在，以確保他們遵循源於社會影響評估的要求？
- 報告是否對於開發行為的社會意義，有足夠適當地認識？
- 是否有交叉引用開發單位或其他行動者所委託的環境影響評估、健康影響評估和／或任何其他相關文件／報告？
- 對社會影響評估文獻是否有適當連結？（特別是和《社會影響評估國際原則》和本文件）？
- 針對利害關係人之保護，報告是否指認出所有相關的在地、區域、國內和國際政策與管制？

結論

社會影響評估應被認為是管理開發行為社會議題的過程。為求有效，社會議題的管理應從開發行為構思階段即開始，一直到開發行為結束許久之後皆應執行。雖然一開始社會影響評估被理解為一種管制工具，目前其用途已相當廣泛。社會影響評估應用於國家的環境管制，或應國際捐助機構的要求而使用，但亦可由社區自行進行，以協助他們在知情同意權行使過程中決定是否許可開發行為，或是學習如何因應變遷。社會影響評估也可以由企業進行，作為企業社會和人權責任的一部分，以獲取營運的社會許可。自 1970 年代社會影響評估開始出現之後，評估焦點從主要考量開發行為的負面影響，轉變為對於開發行為如何促進社區利益，並提供共享價值，讓社區及企業雙方都能從開發行為中獲益。

隨著時間的發展，企業管理其社會影響的責任也有所改變。雖然企業仍有義務符合國家管制的要求，他們也需要面對開發行為合夥人、財務支持單位、國際產業組織、產業工會、監督性質（watchdog）的非政府組織、在地公民社會和在地社區等多方利害關係人的期待。在數位時代興起之際，非政府組織、公民社會利害關係人和在地社區，對自己的權利日益重視，也被賦予更多權力；他們也有了更多的潛在影響力、資源和連結。另外，隨著商業與人權議程受到重視，國際上亦有了相關法律要求，公眾也期待企業應遵循人權標準。這些不同的期許未必明確、一致或相互協調，且事實上可能有所抵觸。社會影響評估可以協助處理這些利害關係人群體的疑慮，特別是在減緩危害和促進利益這兩方面。

有幾個理由，包含發展中國家得到更多投資之時，會使得社會影響評估在未來得到高度關注及其需求增加。脆弱的制度和日益升高的土地稀有性——特別是在未能及早地識別出風險、執行減緩計畫或未能與受影響民眾合作的情況下——兩種因素結合可能導致企業與在地社區的衝突。

本文件的目的，在於協助決定開發行為相關的社會影響如何處理，提供社會影響評估良好實務的參考標準。就此而言，本文件不應只為社會影響評估從業人員所參考使用，也可以提供參考給企業的社會績效團隊、政府管制人員、國際金融社群、非政府組織和受影響社區的代表，以討論和設定開發行為相關社會議題管理的績效期許與參考標準。然而，必須注意到的是個別的社會影響評估從業人員面對不同的社會環境條件，並受委託進行許多工作項目，但通常這些工作項目只是本文件描述的一部分而已。因此，在不同的情況下，合理的期待為何，須視特定合約安排而定。但不論個別合約內容為何，社會影響評估總是對客戶和受影響社區有關照責任（duty of care），應確保所有關鍵社會議題得到妥善處理。

本文件所有內容立基於一個重要的關鍵點，即社會影響評估不應被視為企業成本，而應被視為適當的、有用的管理程序，以減少風險並帶給企業和社區利益，換句話說，就是將共享價值的概念操作化。就這點來說，企業從事開發行為時，一併進行社會影響評估與管理，的確是有堅實而強烈的誘因。

社會影響評估與管理的主要參考文獻

Arce-Gomez, A., Donovan, J. & Bedggood, R. 2015 Social impact assessments: Developing a consolidated conceptual framework. *Environmental Impact Assessment Review* 51, 85-94. **http://dx.doi.org/10.1016/j.eiar.2014.08.006**

Barrow, C.J. 2000 *Social Impact Assessment: An Introduction*. London: Arnold.

Becker, H.A. & Vanclay, F. (eds) 2003 *The International Handbook of Social Impact Assessment.* Cheltenham,UK: Edward Elgar.

DIHR & IPIECA 2013 *Integrating Human Rights into Environmental, Social and Health Impact Assessments: A Practical Guide for the oil and gas industry.* **http://www.ipieca.org/sites/default/files/publications/Integrating_HR_into_environmental_social_and_HIS_0.pdf**

Egre, D. & Senecal, P. 2003 Social Impact Assessments of large dams throughout the world: Lessons learned over two decades. *Impact Assessment & Project Appraisal* 21(3), 215-224. **http://dx.doi.org/10.3152/147154603781766310**

Esteves, A.M. & Barclay, M. 2011 Enhancing the benefits of local context: Integrating social and economic impactassessment into procurement strategies. *Impact Assessment & Project Appraisal* 29(3), 205-215. **http://dx.doi.org/10.3152/146155111X12959673796128**

Esteves, A.M., Franks, D. & Vanclay, F. 2012 Social impact assessment: The state of the art. *Impact Assessment & Project Appraisal* 30(1), 35-44. **http://dx.doi.org/10.1080/14615517.2012.660356**

Esteves, A.M. & Vanclay, F. 2009 Social Development Needs Analysis as a tool for SIA to guide corporate-communityinvestment: Applications in the minerals industry. *Environmental Impact Assessment Review* 29(2), 137-145. **http://dx.doi.org/10.1016/j.eiar.2008.08.004**

Franks, D. 2011 "Management of the social impacts of mining", in Darling, P. (ed.) *SME Mining Engineering Handbook* (3rd end). Littleton: Society for Mining, Metallurgy and Exploration, pp.1817-1825.

Franks, D., Brereton, D. & Moran, C.J. 2013 The cumulative dimensions of impact in resource regions. *Resources Policy* 38(4), 640-647. **http://dx.doi.org/10.1016/j.resourpol.2013.07.002**

Franks, D. et al. 2014 Conflict translates environmental and social risk into business costs. *PNAS* 111(21), 7576-7581. **http://www.pnas.org/cgi/doi/10.1073/pnas.1405135111**

Franks, D. & Vanclay, F. 2013 Social Impact Management Plans: Innovation in corporate and public policy. *Environmental Impact Assessment Review* 43, 40-48. **http://dx.doi.org/10.1016/j.eiar.2013.05.004**

Goldman, L.R. (ed) 2000 *Social Impact Analysis: An Applied Anthropology Manual.* Oxford: Berg.

Hanna, P. & Vanclay, F. 2013 Human rights, Indigenous peoples and the concept of Free, Prior and Informed Consent. *Impact Assessment & Project Appraisal* 31(2), 146-157. **http://dx.doi.org/10.1080/14615517.2013.780373**

Harvey, B. & Bice, S. 2014 Social impact assessment, social development programmes and social licence to operate: tensions and contradictions in intent and practice in the extractive sector. *Impact Assessment & Project Appraisal* 32(4), 327-335. **http://dx.doi.org/10.1080/14615517.2014.950123**

João, E., Vanclay, F. & den Broeder, L. 2011 Emphasising enhancement in all forms of impact assessment. *Impact Assessment & Project Appraisal* 29(3), 170-180. **http://dx.doi.org/10.3152/146155111X12959673796326**

Joyce, S. & Thomson, I. 2000 Earning a social licence to operate: Social acceptability and resource development in Latin America. *Canadian Institute of Mining Bulletin* 93(1037), 49-53.

Kemp, D. 2010 Community relations in the global mining industry: Exploring the internal dimensions of externallyoriented work. *Corporate Social Responsibility & Environmental Management* 17(1), 1-14. **http://dx.doi.org/10.1002/csr.195**

Kemp, D. & Vanclay, F. 2013 Human rights and impact assessment: Clarifying the connections in practice. *Impact Assessment & Project Appraisal* 31(2), 86-96. **http://dx.doi.org/10.1080/14615517.2013.782978**

Lockie, S. 2001 SIA in review: Setting the agenda for impact assessment in the 21st century. *Impact Assessment & Project Appraisal* 19(4), 277-287. **http://dx.doi.org/10.3152/147154601781766952**

Lockie, S. 2007 Deliberation and actor-networks: The 'practical' implications of social theory for the assessment of large dams and other interventions. *Society & Natural Resources* 20(9), 785-799. **http://dx.doi.org/10.1080/08941920701460317**

Lockie, S. et al. 2009 Coal mining and the resource community cycle: A longitudinal assessment of the social impacts of the Coppabella coal mine. *Environmental Impact Assessment Review* 29(5), 330-339. **http://dx.doi.org/10.1016/j.eiar.2009.01.008**

O'Faircheallaigh, C. 1999 Making Social Impact Assessment count: A negotiation-based approach for Indigenous people. *Society & Natural Resources* 12(1), 63-80. **http://dx.doi.org/10.1080/089419299279894**

O'Faircheallaigh, C. 2009 Effectiveness in Social Impact Assessment: Aboriginal peoples and resource development in Australia. *Impact Assessment & Project Appraisal* 27(2), 95-110. **http://dx.doi.org/10.3152/146155109X438715**

Peltonen, L. & Sairinen, R. 2010 Integrating impact assessment and conflict management in urban planning. *Environmental Impact Assessment Review* 30(5), 328-337. **http://dx.doi.org/10.1016/j.eiar.2010.04.006**

Petkova, V. et al. 2009 Mining developments and social impacts on communities: Bowen Basin case studies. *Rural Society* 19(3), 211-228. **http://dx.doi.org/10.5172/rsj.19.3.211**

Rowan, M. 2009 Refining the attribution of significance in social impact assessment. *Impact Assessment & Project Appraisal* 27(3), 185-191. **http://dx.doi.org/10.3152/146155109X467588**

Rowan, M. & Streather, T. 2011 Converting project risks to development opportunities through SIA enhancementmeasures: A practitioner perspective. *Impact Assessment & Project Appraisal* 29(3), 217-230. **http://dx.doi.org/10.3152/146155111X12959673796164**

Taylor, C.N., Bryan, H. & Goodrich, C.G. 2004 *Social Assessment: Theory, Process and Techniques*. Middleton (WI, USA): Social Ecology Press.

Tilt, B., Braun, Y. & He, D. 2009 Social impacts of large dam projects: A comparison of international case studies and implications for best practice. *Journal of Environmental Management* 90 (Supplement 3), S249–S257. **http://dx.doi.org/10.1016/j.jenvman.2008.07.030**

Vanclay, F. 2002 Conceptualising social impacts. *Environmental Impact Assessment Review* 22(3), 183-211. **http://dx.doi.org/10.1016/S0195-9255(01)00105-6**

Vanclay, F. 2003 International Principles for Social Impact Assessment. *Impact Assessment & Project Appraisal* 21(1), 5-11. **http://dx.doi.org/10.3152/147154603781766491**

Vanclay, F. 2004 The Triple Bottom Line and Impact Assessment: How do TBL, EIA, SIA, SEA and EMS relate to each other?. *Journal of Environmental Assessment Policy & Management* 6(3), 265-288. **http://dx.doi.org/10.1142/S1464333204001729**

Vanclay, F. 2006 Principles for Social Impact Assessment: A critical comparison between the International and US documents. *Environmental Impact Assessment Review* 26(1), 3-14. **http://dx.doi.org/10.1016/j.eiar.2005.05.002**

Vanclay, F. 2012 The potential application of Social Impact Assessment in integrated coastal zone management. *Ocean & Coastal Management* 68, 149-156. **http://dx.doi.org/10.1016/j.ocecoaman.2012.05.016**

Vanclay, F. (ed.) 2014 *Developments in Social Impact Assessment*. Cheltenham: Edward Elgar.

Vanclay, F. & Esteves, A.M. (eds) 2011 *New Directions in Social Impact Assessment: Conceptual and Methodological Advances*. Cheltenham (UK): Edward Elgar.

Webler, T. & Lord, F. 2010 Planning for the human dimensions of oil spills and spill response. *Environmental Management* 45(4), 723-738. **http://dx.doi.org/10.1007/s00267-010-9447-9**

Wong, C. & Ho, W. 2015 Roles of social impact assessment practitioners. *Environmental Impact Assessment Review* 50, 124-133. **http://dx.doi.org/10.1016/j.eiar.2014.09.008**

Zandvliet, L. & Anderson, M. 2009 *Getting it Right: Making Corporate-Community Relations Work*. Sheffield: Greenleaf.

社會影響評估與管理相關其他參考文獻與網站

International Association for Impact Assessment (IAIA), the professional association for all impact assessment practitioners **http://www.iaia.org**

SIAhub, a resource-base and network for people specifically interested in SIA **http://www.socialimpactassessment.com**

The Practitioners Platform, a discussion forum for social performance practitioners in the extractives sector **http://managesocialperformance.com**

International Association for Public Participation (IAP2), a professional association promoting participation **http://www.iap2.org/**

The International Network on Displacement and Resettlement **http://indr.org/**

Anglo American SEAT **http://www.angloamerican.com/development/social/seat**

Equator Principles **http://www.equator-principles.com/**

IBA Community Toolkit: Negotiation and Implementation of Impact and Benefit Agreements **http://www.ibacommunitytoolkit.ca**

International Finance Corporation Performance Standards and Guidance Notes **http://www.ifc.org/performancestandards**

International Council on Mining and Metals (ICMM), an industry association to address sustainable development issues **http://www.icmm.com/**

International Hydropower Association **http://www.hydrosustainability.org**

IPIECA, the global oil and gas industry association for environmental and social issues **http://www.ipieca.org/**

Mining and Resettlement eLibrary, Centre for Social Responsibility in Mining, University of Queensland **https://www.csrm.uq.edu.au/mining-resettlement/elibrary**

OECD Guidelines for Multinational Enterprises **http://mneguidelines.oecd.org/text/**

United Nations Guiding Principles on Business and Human Rights **http://www.ohchr.org/Documents/Publications/GuidingPrinciplesBusinessHR_EN.pdf**

World Bank, *Social Analysis Sourcebook.* **http://go.worldbank.org/HRXPCILR30**

World Commission on Dams 2000 *Dams and Development: A New Framework for Decision-Making*. London: Earthscan. **https://www.internationalrivers.org/files/attached-files/world_commission_on_dams_final_report.pdf**

社會影響評估名詞與概念彙編

免責聲明：以下為社會影響評估實務領域所用詞彙的整理。雖然本文試著專注於社會影響評估的專有術語，但社會影響評估從業人員是在多重論述體系下工作，並且社會影響評估所使用的語言，除了社會影響評估特定術語外，更包含環境影響評估（EIA）、其他影響評估領域，以及社會影響評估從業人員原所屬產業的詞彙。以下說明旨在於協助讀者的理解，而非提供定義式的敘述。大部分的說明為本文原創（有些引自不同來源），其餘為適用於一定範疇內資料的通用性敘述。

Actual impact 實際影響

指社群實際經歷的社會影響，而不是預計將受到的影響。

Affected publics 受影響公眾

包括了居住於附近的人員；會聽到、看到、聞到或感知到預定開發行為的影響之居民；受到壓力而自願或非自願遷移的居民；於該開發行為或政策變遷有利害關係的人員（不論其是否居住於主要或次要影響區域）；與可能被影響資源有利害關係之人員；通常有可能使用受影響土地的人員；或因與計畫有關之季節性、暫時性、或永久性居民遷入而受影響人員。

Alienation 疏離

社會科學界的概念，用以表示個體疏離（使個體成為外來者或局外人）的社會過程。疏離的結果為缺少歸屬感、感覺沒有連結、無意義和無力，缺乏行動能力。因此，這樣的過程嚴重影響個體的精神狀態（而最終將影響生理健康）。疏離可顯現於社會隔離、絕望感、醫學上之憂鬱症候，及其他健康相關的行為舉止。

Alternative livelihoods 替代性生計

（亦作替代性經濟機會）意指認定、選擇並發展某些收入來源，以取代或擴大受開發行為影響居民當前的生計活動。此於經濟或實體移置案例裡更為重要，但亦可作為開發行為相關福利創造或社會投資規劃的一部分。

Area of influence 影響範圍

在環境影響評估中，影響範圍指開發行為（及其有關活動）產生之影響（包含非生物性、生物性及社會經濟性）所涵蓋之實體範圍（包含空氣、水、土壤）。因此，影響範圍不僅包含土地表面區域，也涵蓋海洋或陸地生態系統的運作，氣域及水域（地表及地下），及所有社會群體，包含個人、社區、公司（尤其是中小企業）、組織與政府單位（另見社會影響區域，Social area of influence）。

Artisanal 手工業的

「手工業的」表示手作的工作型態，「手工業者」（artisan）即具備技能的工匠，通常用以描述小規模礦工或從事維生水準漁業的漁夫。

Asocietal mentality 缺乏社會意識

認為人類無關緊要，或社會議題不重要、亦不需要關心的心態。

Baseline 基準資料

於開發行為初始階段測量而得、用以監測指標後續變化的資料。基準資料會與其他基準數值成為與未來情況比較的參考基準。雖然原始的基準資料指向了一個確切的時間點，社區資料仍應著重開發場所內變化的趨勢，才能夠針對開發行為進行與否不同情境下可能發生的情況，加以比較。

Belongingness 歸屬感

歸屬於某社會團體的感覺，是重要的人類情感需求。在許多開發行為中，由於實體或社會改變的產生，新成員的出現，或是正在發生的疏離引發過程，導致歸屬感降低的結果。

Benchmark 標竿

比較標準或參考點。每個選定作後續追蹤的社會指標，應選取可作為參考點的基準或量值。例如，標竿可以是世界衛生組織的空氣污染或噪音暴露容許程度，或每一千人中醫生人數的期望值。

Beneficiaries 受益者

預期會因開發行為或方案受益的個人、社區與機構。

Best practice 最佳實務

於某特定領域中，代表了最佳（最適當）實踐方式的指導原則、倫理、概念、程序與方法。雖然最佳實務可由專業單位提供指導，但大體而言，它是一個用以表示理想標準的模糊概念。

Boomtown 新興市鎮

正值高速成長的社區、鄉鎮或城市。

Brownfield 褐地

指即將展開的開發行為，是位於先前已有進行開發行為，並有待處理的遺留問題（legacy issue）之地區。

Camp followers 開發行為跟隨業者

此用語一般指跟隨軍隊的平民，通常為駐軍提供軍事當局未供給的商品或服務，以滿足其需求，例如食物、洗衣、酒精及藥品、照護和性服務。此用語現在更廣義地用以描述為駐於工地或開發場所的工作人員提供服務的企業主（另見蜜罐效應，Honeypot effect）。

Capacity building 能量建構

整合良好的介入措施，例如訓練方案，以建立人力資本和改進制度化實踐與治理配置。

the Capitals 資本

就資產（或資本）——例如自然資本、人力資本、社會資本、財務資本、人造資本，甚至是政治及體制資本及文化與精神資本——而言，考量永續性與發展成果的思考架構。有許多架構以資本作為核心元素，包括永續生計觀點。

Causal pathways 因果路徑

一個與評估和系統思維有所連結的概念，指系統中各元素間的因果關係（或至少是相關性）。於社會影響評估中，因果路徑代表主要影響與次要影響，及社會演變過程與社會影響間的次序。

Citizens' jury 公民陪審團

從民眾內選出、被委託代表社區研討相關議題之非專業人士（十二人左右）所組成之審議小組進行決策（例如選擇最佳替代方案）的審議方式。雖旨在成立業餘而非專業的審議小組，其成員仍應研習相關議題，向專家提問，並索求有關資訊。相較於專家主導的結果，公民陪審團作成的決定有可能對在地社區有更強的正當性。

Civil society 公民社會

由社會活動組成並獨立於政府和市場體制的個人與團體形成之網絡（含正式與非正式），包含其連結、社會規範和運作。公民社會包含宗教團體、社區團體、基金會、職業公會、專業組織、工會、學術機構、媒體、倡議或壓力團體、政黨等等。

Closure planning 關廠規劃

關廠後對開發行為地點的規劃與管理過程，例如礦場或工廠關閉後的處理。良好的社會影響評估實務，意指規劃階段即應考慮關廠規劃，工程初期亦應有相關考量。關廠規劃十分重要，尤其是礦業，因其資源價格的不可預期性，將影響礦場經營。

Commitments register 承諾書

記錄所有廠商曾對社區作出的承諾聲明的正式公開文件，特別是關於減緩措施或是利益的承諾。

Commodification 商品化

地區文化和文物被製成商品，宗教傳統、地區風俗與節慶被簡化以滿足買家期待的過程。此概念源於觀光產業帶來的社會影響，但亦可能發生在任何在地文化接觸到富有外來團體的情況。

Common law 普通法

普通法指社群居民所認定存在、而由法官作成判決所明定（判決先例）的法律及其詮釋。與成文法相比，普通法在繼授英美法司法體系的國家裡具有法律地位。歐洲大陸法系（例如羅馬法、法國或拿破崙法典）並不承認普通法。就某方面而言，普通法本質與習慣法相像。

Communitas 交融

源於拉丁文的社會科學術語。表示強烈的社群認同，特別是藉由參與儀式或是社區慶典而產生的。

Community 社區

一個被普遍使用但仍有爭議的概念，通常指在一區域內群聚、並有共享的認同和日常互動以及共同社會和政治體制的居民。雖然個體會經歷某些個人層次的社會影響，但社會影響評估的基本假設，是社區為人們生活、工作與遊樂的社會單位，因此是社會影響評估的主要焦點。

Community agreements 社區協議

見影響與回饋協議，IBA。

Community assets 社區資產

可用以促進發展結果的社區資源，包含協助達成社區目標的組織和人力，亦可指社區所重視的地點、景點及天然或人造的實體資源。

Community cohesion 社區凝聚力

指一地區（郊區、鄉鎮或城市）的和諧感，可藉由以下層次所建構：社會多樣性的接受與重視；所有團體具有的共同歸屬感；受到廣泛認同的地方願景和想像；合理相近的生涯機會和公共服務之取用；不同背景人群間正向的社會關係等等。

Community development 社區發展

在長期的過程中，貧窮或邊緣化的人們共同去指認出他們的需求、創造改變，對於一些生活與工作的決策，有更多的影響力，以改善生活品質、所處社區及其所歸屬的社會。

Community Development Agreement 社區發展協議

類似於影響回饋協議的概念，但是由政府所啟動，而非由影響回饋協議關係所涉及的公司與社區的雙向協定。

Community engagement 社區投入／社區參與

社區投入表示居民能與決策過程互動及參與的多種方式。社區投入類似於「公共參與」（public participation）和「民眾涉入」（public involvement），這些術語經常交互使用。但即使如此，社區投入仍是目前較理想的說法，因為這個詞彰顯決策過程中更深的涉入或投入的程度，且更尊重人群。它所連結的是不同的論述，代表從諮詢到培力的理解轉向。

Community grievance mechanism 社區申訴機制

專為受開發行為影響的社區成員設計的申訴機制。

Community infrastructure 社區基礎建設

公共、私人服務和設施，有助於提升普遍生活品質（例如健康、交通、電力、教育、水資源及其品質、衛生服務）。

Community mindedness 社區意識

個人達到產生團體歸屬感，意識到藉由個人參與可對社區產生助益和當一個好鄰居（即有鄰人之誼）意念的程度。

Community profile 社區基本資料

針對可能被預定開發行為介入所影響的社區所作的描述。

Community visioning 社區願景

發展出社區共同冀望的未來、並決定相關必要步驟的過程。它既包含產生願景的過程，亦包含願景的成果。

Company town 公司城鎮

一聚落裡面，大部分居民皆於同一個公司任職，或至少於參與同一計畫的眾多公司中的一個企業任職。

Compensation 補償

當影響無法避免時，針對個人或集體進行補償。補償可用現金清償，或以提供其他形式的開發行為等方式，例如建設醫院、學校或公立圖書館。補償雖可能是因為受影響社區的財產權而有相關法律義務，但亦可是出於開發單位善意的姿態或協商的結果。

Competent authority 主管機關

任何具有法定委託或授權行使特定功能的個人或組織。在社會影響評估／環境影響評估的語彙裡，通常表示有權核發環境許可的主管機關（見管制機構，Regulatory agency）。

Compliance 遵循

指遵循法律或任何規範該行為的規定。在影響評估的脈絡中，表示已達到遵守許可條件的程度。通常為了確保規範得到遵循，會採取定期審查或後續追蹤。

Compliance Advisor Ombudsman (CAO) 巡查官辦公室

處理受國際金融公司（International Finance）援助計畫影響之申訴案件的獨立辦事處（直接回報國際金融中心／世界銀行）。巡查官只考慮國際金融公司是否遵循適當的程序。

Complicity 共謀

人權論述中所使用的詞彙。廠商不應共謀侵害第三方之人權。以下任一行為皆可被視為共謀：促使、促進或幫助造成人權之侵害；對於其行為導致之人權侵害情事已知悉或應得知；與該人權侵害案直接相關，包括地理上之鄰近，或其關係之強度、作用時間或基調之鄰近。

Conditionalities 附帶條件

在發展的協助當中，貸款、債務解除或雙邊援助計畫之附加條款的運用。於環境許可中代表許可的條件。

Conflict resolution/management 衝突解決／管理

開發案經常改變社會群體間的權力關係。因為有些團體因計畫介入而失利，其他團體則得利，衝突也因此產生。衝突為正常社會互動的一部分，但當紛爭導致失衡時，將對牽涉其中的所有人員有負面影響。為解決紛爭，或使其不逾越合理範圍，有效預防、管理和解決衝突的機制及方法便不可或缺。提升透明度與資訊分享可以消除因不完整或被曲解的知識而引起的紛爭。提倡接納與容許不同觀點充分表達的空間，有助於避免更具破壞性的衝突形成。

Consent 同意

取得合意之意，也代表針對某開發行為，具有給予同意或保留同意的權力。因此，管制機關有責任決定同意條款。在某些情況下，當地居民也可能有針對一開發行為給予或保留同意的能力（見自由、事先和知情的同意，FPIC）。同意的概念與信任有極高的關聯，社會影響評估從業人員通常可以藉由指出有待處理的議題、處理問題會牽涉到廣大範圍的團體，以及處理問題的過程是公正的，而取得社群對社會影響評估程序（或是開發案）的同意。

Cosmology 宇宙觀

一特定文化或神話的系統之中，對世界或宇宙的起源、歷史、演化及文化法則的理解。

Cost Benefit Analysis 成本效益分析

（亦稱效益成本分析）用以評估商業上不同替代方案的經濟學方法，通常是透過衡量效益與成本間的比例。在過去數十年間，成本效益分析在影響評估中十分盛行，然而此等量化分析方法，多將所有影響以貨幣方式表示，因此在社會影響評估中並不普及。

Counterfactual 反事實的

在心理學研究裡，反事實指心理上為了設想其他可能發生的情形，所作出的對過去或未來的替代歷程之心智再現或圖像。這種心理現象使個體能夠處理他們對過去事件的感覺（例如有關責怪、罪惡感、後悔、和「怎麼會是我」這樣的疑問等等），並從經驗中學習的方法。這樣的學習可以由情境分析加以形式化。然而在評鑑的領域裡，反事實則有不同的意義，它代表的是針對「實際會發生」與「若未有介入的情況下所可能發生」之間所進行的比較分析。

Cultural affrontage 文化冒犯

故意侮辱、嚴重冒犯之行為，例如擅闖或褻瀆聖地、蓄意違反禁忌或其他重要的風俗習慣。

Cultural heritage 文化資產

指某社會或族群裡，承接自前代、保留於現代，並為後代利益而傳承下去的實體器物或無形的特質。文化資產包含有形文化財（例如建築、碑、書籍、藝術作品和器物）、無形文化財（例如民俗、傳統、語言和傳統知識）、自然遺產（包括具備重要文化意義的地景、重要的野生動物棲地，及生物多樣性）。

Cultural heritage impact assessment 文化資產影響評估

針對開發行為可能對一群體之文化資產的具體展現造成影響的評估過程，包含場址、結構物、具有考古、建築、歷史、宗教、靈性、文化、生態或美學價值的遺跡等的文化遺產。對無形文化遺產造成的影響將會在文化影響評估中評估。

Cultural impact assessment 文化影響評估

針對開發行為造成某特定社會群體文化衝擊所作的評估（例如原住民或其他特定的族群）。文化影響評估考量受影響群體的價值觀、信仰系統、習慣法、語言、風俗、經濟、與當地環境及特有生物的關係、社會組織、傳統等等。既然文化影響是社會影響評估的一部分，文化影響評估即可視為社會影響評估的子項目，但也由於它與其他社會影響密不可分，因此並沒有將其獨立分類的必要，除非它特別強調了此項評估所著重的觀點和目標，亦即，特別為了理解開發行為對當地族群文化產生的社會影響所作的社會影響評估。

Cultural sensitivity 文化敏感度

能察覺文化異同，並瞭解如何於跨文化環境中作業的個人特質。許多社會影響之起因，即源於計畫工作人員缺乏文化敏感度。

Culture 文化

由團體或更廣的社會成員間所形塑和傳遞其生活模式裡物質與非物質的面向。有時亦指代代相傳的共同信仰、價值觀、規範、行為、語言和器物。

Cumulative impacts 累積性影響

一個或多個開發行為對社會、經濟或環境所帶來接續、累積或加成的影響。可能肇因於社會或環境系統中各種影響的加總和／或交互作用，並且應由經歷相關開發行為的人們或環境所定義。

Customary law 習慣法

特定文化之社會及經濟體系裡的文化實踐和信仰，因其重要而固有之特性而被視為法律，具備（準）法律地位，這些習慣因而被認可為法律要求事項或行為規範。

Customary rights 習慣權利

因習慣或文化而得適用的權利。

Cut-off date 截止日期

此名詞用於安置的過程中，用以代表在此日期之後，人們不會再被含括在開發行為影響人員確認名單，而喪失了獲得安置協助與補償的資格。

Deliberation 審議

（及審議性 deliberativeness）一個多面向的概念，指以引發對選擇方案和各種可能性的深層反思（即鄭重考慮）為目的，以一種公開而具有包容性的方式（亦即摒除權力或政治干預），與考量所有利害關係人之顧慮的對話。

Deliberative space 審議空間

有助於進行審議的實體環境配置。

Demonstration effect 示範效應

因觀察他人而對個體本身產生的影響。社會影響評估領域中，這包含了當地社區的成員試圖仿效移工或觀光客等外來者的生活模式、行為、態度和語言的情況。這可能導致許多負面的社會影響，包含生活成本增加、挫折感和難以處理的文化變遷等問題，但也可能促成國際承包商或中小企業間，知識交換的正面社會影響。

Direct impact (or effect) 直接影響（或效應）

預定介入計畫所產生的直接影響，也作主要影響或一級影響。在社會影響評估中，它代表計畫本身直接導致的社會改變和社會影響，例如計畫相關的設備噪音所造成的干擾。

Disclosure 揭露

通常寫作「完整如實公開」（full and frank disclosure），「公開揭露」（open disclosure）原則或是「告知義務」（duty of disclosure），此術語具備法律或準法律意涵，意指協商之成員有義務完整揭露討論事項相關資訊（具有實質相關性事項）。

Discourse 論述

「論述」意指與語言、會話相關的一切事物，包含所有語言使用所觸及的範圍，例如想法、認同與行動的主動建構。這是一個提供某特定領域所有可能陳述、統整並給定某議題、客體或程序的討論架構之社會建構。論述對於社會及個體行為，提供了敘述、規則、允許及禁止的規範架構。

Displacement 移置

相較於安置（resettlement）是指由於某開發行為而使居民重新定居於別處的積極處置，移置係指個人或社會經歷因遷居而產生動盪、感到失去地方歸屬感的過程。在安置的過程中，「實體移置」（physical displacement）代表因開發行為相關之土地徵收和／或必須使受影響居民挪移至他處之土地使用限制，而造成居民住所的喪失。「經濟移置」（economic displacement）代表居民的房屋未受影響，但喪失其他財產或對未能使用其財產（例如農地），而導致生計問題和相關收入損失。

Dispute resolution process 爭端解決程序

與協議及合約（並通常為其中之條款）有關的概念。若兩造對於合約／協議的解釋或對協議本身有分歧意見，所須歷經的程序。不同於申訴機制。

Due diligence 盡責調查

大體而言，盡責調查代表個人或公司在簽署合約或取得作業前，會執行的調查，特別是在有風險的情況。社會影響評估中，盡責調查指大致相同的概念，不過更著重於《聯合國企業與人權指導原則》第 17 條所列：「為確認、防止、緩解負面影響，並就此進行課責，企業應恪守人權責任。此一過程應包括評估實際和可能的人權影響，綜合評估結果並採取行動，追蹤有關反映，並通報如何處理影響」。

Duty-bearer 義務承擔者

在人權為本的途徑裡，人權同時牽涉權利（權利人）和義務（義務承擔者）。人權法中，義務承擔者主要指國家，亦可認為擴及所有個體，但也特別可包括公司與其供應商和承包商。國際法上，國家當然具有尊重、保護及履行人權要求的義務。尊重義務代表國家必須避免干涉或限制基本人權的施展。保護義務要求國家保護個人及團體免於人權侵害。履行義務表示國家必須採取積極作為，以維護基本人權。於個人的層次，我們有權享有人權，我們也應尊重他人的人權。

Duty of care 關照責任／注意義務

為避免他人或他人之物遭受可預見之損害，而應合理注意之責任。社會影響評估從業人員對其服務對象有職業上的關照責任，以及對社區的倫理責任，以確保所有適切的議題都被提出討論。

Economic dependency 經濟依賴

當地社區或地區嚴重依賴一個公司或產業的情形，換言之，即地區內有高比例的人口任職於該公司或產業。

Economic displacement 經濟移置

指非因居民移地至他處而產生，而是因經濟生計損失造成的強烈干擾和社會影響，例如農夫喪失農地，或水污染破壞漁民生計。

Ecosystem services 生態系統服務

環境（生態系）提供一系列人類仰賴的服務（和產品）的概念，常見的型態為：提供財貨（例如食物及水的產出）、調節（例如氣候與疾病的管制）、支持（例如養分循環及穀物授粉）、文化層面（例如：精神及遊憩的益處）。生態系統服務常被賦予經濟價值以供決策者參考。

Elite capture 精英掠奪

應由多數人共享的利益被社會上少數富有、有權力的團體所占用（掠奪），這些團體為經濟、政治、教育或族群的菁英。

Emerging market 新興市場

開發中國家的另一種說法。

Eminent domain 土地徵收

指國家得以強迫取得私人財產的權利。可能為了取回（徵收）高速公路或機場等用地而執行。某些情況下，當私人部門計畫符合國家利益，國家會擴張該權力使該計畫能夠進行。

Empowerment 賦權／培力

指為了要影響社會、經濟體制並增加公共體制的課責性，而強化不同的個人和團體的資產及能力。賦權是一個將決策責任和可用資源，轉移至受益人的參與式過程。這可以包含 (1) 利害關係團體的能量建構（capacity building）；(2) 強化利害關係人組織的法律地位；(3) 有關當局應管理資金、聘僱及解僱員工、監督工程、取得資源；(4) 有關當局應核發完工合格證書，並確立監測及評估指標；(5) 支持利害關係人創新與自發的提案。

Enhancement 提升／促進／改善

於開發行為的規劃和後續階段，為了確保達到直接和間接的發展成果，所特地作出的企圖。

Environment 環境

在不同情境下有不同定義的一個非常模糊的概念。在某些司法體系中，環境包含了：生態系與其組成分子，以及人和社區；天然與實體資源；位置、地點與區域的性質與特質；以上所有元素中，社會、經濟、文化、美學及傳統的觀點。於其他司法體系中，則僅代表生物物理的元素，例如水、空氣、土壤及動植物。

Environmental bond 環境債券

確保計畫能夠達到其環境復育要求的金融工具（通常是託管帳戶的形式）。

Environmental Impact Assessment (EIA) 環境影響評估

在規劃、政策、方案或計畫案執行之前，預測可能造成的環境影響（包含正面或負面），通常是規範（環境許可）程序的一部分。

Environmental Impact Statement (EIS) 環境影響說明書

經環境影響評估程序後，提交給主管機關的正式文件。

Environmental licence 環境許可（或環境認證）

由權責單位核發的行政許可，允許開發行為或營建工程的廠商執行需要認證之行為，但通常須基於以下前提：履行若干營運條款、遵守特定使用限制、採取某些管制措施、減少或避免任何活動可能造成之社會或環境影響措施。

Environmental Management System (EMS) 環境管理系統

依據 ISO 14001 環境管理系統標準之規定，基於持續改善的理念，企業所採取改善環境影響管理的進行和計畫中的一系列活動。

Escrow account 託管帳戶

根據協議條款，由第三方信託持有之財物，並僅於協議條件被履行、與／或合約雙方合意、與／或由法院裁定或受到其他法律行為時，才能解除列管。

ESHIA 環境、社會與健康影響評估

環境、社會與健康影響評估（Environmental, Social and health Impact Assessment）之縮寫。

Equality impact assessment 平等影響評估

為與環境影響評估（EIA）區別，平等影響評估通常簡寫為 EqIA，針對所有政策與策略中，對平等和歧視的考量所作的評估，尤其是涉及弱勢群體的情況。

Equator Principles 赤道原則

一項作為全球金融產業的企業社會責任與永續性架構。更確切地說，赤道原則是金融機構（亦即銀行）所採用的風險管理架構，用以判斷、評估和管理世界各處任何計畫的環境與社會風險，以及相關產業部門。其主旨是訂定盡責調查之最低標準以支援負責任的風險決策。採取赤道原則的銀行，致力於將該原則落實於所融資開發行為的內部環境與社會政策、程序及標準中，並承諾將不會提供開發行為資金或開發行為相關的企業貸款，給無意願、或無法遵守赤道原則的客戶。本質上，赤道原則是一套高標準的原則，作為營運規範，赤道原則要求遵守國際金融公司設定的績效標準。

Ex-ante assessment 事前評估

大多數的評估都是事前評估，對於已規劃的計畫性介入可能造成之影響的預測；換言之，評估是針對尚未發生的事情。

Ex-post assessment 事後評估

事後評估，指對於特定開發行為或政策所造成影響的評估。

Exit strategy 退場策略

就社會影響評估或計畫執行而言，指企業對於如何結束非屬其核心業務的長期義務關係，所必須作出的考量。

Expropriate/expropriation 徵收

指公家單位或政府授權的企業，毋須徵得既有使用人或居民之同意，即可取得其土地或其他資源的能力（參考土地徵收，Eminent domain）。

Externality 外部性

經濟學術語，意指被認為是外部的，或與營運及生產本身無關的成本（以及影響），通常即指對環境和社會的影響。永續發展的原則之一就是將外部性內部化。

Facilitation 促進

協助群體及組織彼此間的合作，使他們能夠達成目標的過程。促進者通常具備獨立性質，具有促進技巧的訓練及經歷，且具有若干的方法工具，可依據受益團體的目標和需求選擇。在社會影響評估與／或社區參與活動中，通常由促進者管理該參與式過程。關鍵能力包含公正性、使人放心的能力、對社會過程有良好的瞭解，並對廣泛多元的方法及其使用時機有良好的知識。

Facipulation 虛偽促參

結合促進（facilitation）及操控（manipulation）的原創單字，指當人們投入參與式過程但感覺自己處於被操縱的狀態。

Fear of crime 犯罪被害恐懼

指對於成為犯罪被害人的異常恐懼。社區裡快速的變遷，會導致人們的犯罪被害恐懼增加，至其恐懼程度與實際犯罪可能性不成比例的程度。犯罪被害恐懼易讓人變得非常虛弱，因為它會使人的行為模式改變，影響他們對於社區的感覺，也會影響他們的整體福祉。

Fenceline 周界

用來指稱開發行為基地之邊界的用語，用以劃定區域內及區域外議題的方法。然而，雖然這個詞技術上是清楚明顯的，但其意義未必如字面上的直白，且就社會與人權議題而言，並不適用。

Fenceline communities 周界社區

指緊鄰開發場所的社區，且特別容易受計畫的直接影響侵害，例如噪音、粉塵和震動。

FIFO 飛入飛出勞工／約聘通勤勞工

飛入飛出（fly in, fly out）的簡寫，指聘用不居住於開發行為鄰近地區及定期約定僱傭的工人。

First order impact 一階影響

指開發行為立即、直接後果造成的影響。

Fixed income earners 固定工資勞動者

指收入（來自工作或退休金）固定的人，即無法因應通貨膨脹或生活費用問題。新興市鎮通常會經歷區域性通貨膨脹，雖然與開發行為相關的人會被支付足以應付生活花費增加（通常為通貨膨脹導致）的金額，許多人仍未賺取到依據地區水準調整的收入，這不僅包含領取退休金的人員，實際上也包含薪資水準依照國家標準的人，如護士、教師、警察以及其他公務人員。

Footprint 足跡

可用來作為生態足跡或碳足跡簡稱的模糊術語，但也可以代表開發行為直接佔據的實體空間。

Foreign direct investment 外國直接投資

為投資的商業術語，意指以某國為基地的商業主體，取得他國企業的主控所有權（通常認為百分之十或以上的持股屬之）。

FPIC 自由、事先和知情同意

自由、事先和知情同意（詳見本文件論述）。

Front end loading 前端投資

引自專案管理的術語，指於前期投入更多資金以獲得更好的設計，使後期得以節省花費。不應與前端裝載機（front end loader）混淆，此為可以鏟土或其他物質的載具（一種設備）。

Gatekeeper 守門人

管理近用某物的人或機關。守門人可有正式與非正式的身分。在社會影響評估的脈絡中，守門人概念通常指有權力幫助或阻撓顧問向特定社區接觸機會的人，換言之，他們處於一個具有關鍵影響力的位置。

Gender 性別

指社會建構給男性和女性的角色，這些角色經由學習而得，依時間改變，並在某一文化內或跨文化間有許多差異。

Gender analysis 性別分析

在受影響社區的文化脈絡下，考量並理解計畫性介入在具備性別差異的本質，對於女性及男性的影響。性別分析應該考量性與性別差異。

Gentrification 仕紳化

指一地區（通常是市內的郊區或風景區內的小鎮）的特質與構成元素，從勞工階級轉變為中產或上層中產階級的漸進式過程。此過程的影響是財產價值和租屋費用的增加，進而導致前住戶的遷移。當仕紳化造成觀光化，它也可能導致已定居的居民（原居住者）與觀光客和新住戶（新成員）之間的衝突。

Good governance 良善治理

對於（任何機構的）治理應如何產生的常規性理解，包含課責、透明、法治、能量建構、包容與參與式的過程。

Good practice 良善實務／良善實作

在現今某領域的實務中，被認為適切且可期待達成的（即慣例的而非最先進的）。最佳典範則是指最先進的或領先的，因此適合被倡議，但無法在所有情況下被期待執行。

Governance 治理

指組織、機構、企業和政府管理事務的方法，或說是管理的行為，並牽涉到法律、法規、風俗、民族標準和常規等因素的適用性（另見良善治理，Good governance）。

Governance gap 治理落差

治理落差有許多種，但通常指治理的理想（或至少被通常認為適切的）和實務運作之間的差別。在影響評估以及企業及社會的論述裡，治理落差多指跨國企業在開發中國家行為活動中很少受到嚴格檢視。

Greenfield 綠地／未開發區

指在未被開發過的地區，也就是於沒有遺留問題的地區所進行的開發行為（譯註：相較於「褐地」，Brownfield）。

Grievance 民怨

就法律、合約、明示或默示的承諾、慣例實務或一般概念的公平而言，任何引發個人或團體產生權利意識或遭不公平對待的顧慮。

Grievance mechanism 申訴機制

可為個人、勞工、社區和／或認為自己遭受開發行為或商業活動負面影響的公民社會組織所使用，處理申訴案件的正式、法律或非法律途徑。

Guiding Principles 指導原則

一般指《聯合國企業與人權指導原則》。

Higher order impact 高階影響

在開發行為產生的影響鏈中，發生於立即的一階影響後的間接社會影響。

Homelessness 無家可歸

沒有家庭、沒有固定居所的個人處境，某種程度上可指沒有固定住宅而需要依靠緊急居所服務，否則將需要睡在街道上（即露宿）的人；另一種程度上可指因疏離的感覺所導致，雖然實體上有足夠的居住空間，但其相關感情元素意謂著它感覺不再像是家園的情況。

Honeypot effect 蜜罐效應

或稱作開發行為引發向內遷移；人們可能試圖遷入開發場所，以被認定為受影響人口而可以獲得補償，或尋求工作或開發行為產生的經濟機會。

Host communities 接待社區

指鄰近開發場所、承受開發行為及其勞工的社區，換言之，即是受影響社區。在安置計畫的情況裡，指將吸收被安置居民的既存社區。

Human capital 人力資本

指綜合起來使人能夠追求其生計目標的教育、技能、知識、勞力及良好健康（另見資本，Capitals）。

Human rights 人權

保護個人及團體的基本自由、權利和人性尊嚴受到尊重而免於侵犯的普遍法律保障。人權法強制（原則上）政府和其他義務人採取某些行動，並防止他們作出其他行為。

Human rights-based approach (human rights lens) 人權為本的途徑（人權視角）

指以國際人權標準為規範基礎，並在操作上以提升和保護人權為目標的概念性架構。該途徑（對健康、發展合作等）：(1) 視人權為核心元素；(2) 要求義務承擔人的課責性及透明度；(3) 促進權利人培力與能量發展，即課責於義務承擔人；(4) 視有意義的參與為權利人的權利，而不單只視為實務典範；以及 (5) 確保零歧視並優先考量弱勢團體。

Human rights due diligence 人權盡責調查（義務）

指《聯合國企業與人權指導原則》下，企業應充分遵守的要求，即一提案中的商業行為、交易或收購不含有隱藏的人權風險（換言之，不只有公司的風險，還有對民眾和社群的風險）。許多社會影響同時也是人權議題，因此受影響的利害關係人也可能是法律權利人。

IAIA 國際影響評估學會

International Association for Impact Assessment. **http://www.iaia.org**

IAP2 國際公共參與學會

International Association for Public Participation. **http://www.iap2.org**

ICMM 國際礦業與金屬理事會

International Council on Mining and Metals. **http://www.icmm.com**

IFC 國際金融公司

國際金融公司（International Finance Corporation，縮寫為 IFC），是世界銀行集團底下為私部門提供貸款的機構。它的績效標準現已成為國際基準，也是赤道原則的基礎，因此特別重要。

Impact 影響

若執行預定行動，可合理預見和事先測量而得的經濟、社會、環境等層面影響和其他結果。

Impact assessment 影響評估

預測現有或預定行動未來影響為何的過程。

Impact equity 影響衡平

指社會裡或單一開發行為的影響，應該以公平正義的方式分擔的概念，至少應針對正面與負面影響的分佈給予考量，例如機場的航道可以為了分散噪音負擔作出調整，而不致使所有噪音都由同一批人承受。

Impact history 影響歷史／過往影響

指社區曾受其他開發行為影響的過往經歷，這會影響到社區與新計畫連結的方式，以及他們對開發行為有多少信任，這也代表可能會有新進營運人員所須面對的遺留問題。

Impact pathways or impact chains 影響路徑或影響鏈

指主要影響（一級影響）和次級影響之間的鏈結；以及社會改變過程間的鏈結，例如人口移入。

Impacted communities 受影響社區

受計畫影響的社區（接待社區）。

Impacts & Benefits Agreement (IBA) 影響與回饋協議

廠商與社區（有時也牽涉到政府）之間具有法律效力的協議，概述一個計畫可能造成的負面影響、廠商會進行的減緩工作、以及廠商提供社區援助的程度，常以提供就業機會和其他利益的形式進行，如社會投資貢獻。

Impoverishment 貧困

變得貧困的過程（造成貧窮的情況），開發行為導致的遷移所造成的生計損失，可能帶來貧困。

Indicator 指標

見社會指標，Social indicator。

Indigenous knowledge 本土知識

見在地知識，Local knowledge。

Indigenous people 原住民

廣泛地定義為在某程度上，展現下列特質的獨特社會及文化團體：自我認同為具備獨特文化團體的成員，而該認同亦受他人公認；集體依附於對地理上具有獨特性的居住地，或者先民傳承的地域及其自然資源；具備獨特文化、經濟、社會和／或政治體制，而與主流社會或文化有所不同；通常具有不同於該國或地區官方語言之語言。

Indirect impact (effect) 間接影響（效應）

因計畫性介入產生其他改變所導致的影響。於社會影響評估中，間接影響可能因環境的實體改變造成。例如一個礦場可能使河川混濁度增加，導致漁獲供給減少，進而減少依賴漁業的村民的經濟生計。這些也可能是次要影響，次階或多階影響。

Influx management 移入管理／流入或移入人口管理

管理大量移入計畫地點找尋經濟機會的人口的過程（另見蜜罐效應，Honeypot effect）。

Informal economy 非正式經濟

指部分可以避開規範、稅制或政府管制的經濟，可能為非法營業，或為小規模、現金為主的營運。

Informal settlements 非正式聚落

非正式發展的市鎮，缺乏適當規劃且通常違反建築法規和規劃方案，一般是在居住者無合法所有權的土地上，往往使用廢棄材料搭建臨時住所。

Informed consent 知情同意

執行人類相關研究最基本的道德原則。基本上指預定的研究對象，有權選擇是否參與研究，應有權依據該研究相關風險的完整資料而作出決定。知情同意通常藉由參與者簽署的知情同意書所紀錄。社會影響評估從業人員應對社會影響評估資料蒐集的參與者，執行知情同意。

Intangible cultural heritage 無形文化資產

見文化資產，Culture heritage。

Interested and affected publics 利害相關和受影響民眾

認為一項行動可能會影響團體、機構和／或個人，或參與其決策過程的人（亦稱利害關係人，Stakeholders）（另亦見受影響當事人，Affected publics/parties/persons）。

Intrinsic value 內在價值

指一物體或實體（例如：大自然、某特定地點、某稀有物種）具備固有價值或特質，超越對人類社會來說的工具性或使用價值之哲學概念。

Involuntary resettlement 非自願安置

國家徵收權力被使用或被迫採用，致使居民因開發行為而遷移的情況。

IPIECA 國際石油工業環境保護協會

International Petroleum Industry Environmental Conservation Association. **http://www.ipieca.org/**

Irremediability 不可救濟性

無法恢復的傷害、無法被減緩或修正的負面影響。

Irreparability 不可回復性

無法被修復。

Key Performance Indicators (KPIs) 關鍵績效指標

指為了測量公司或個人績效而設置的指標。監測指標通常不被認為是關鍵績效指標，但監測的適當性應為監測管理人員的關鍵績效指標；而指標的無超標應為公司的關鍵績效指標。

Knowing and showing 主動瞭解與關懷

由 John Ruggie 普及化的用語，公司應展示出他們對於盡責調查之承諾，表彰其對人權的尊重已成為內部規範，而不是因為缺乏這些原則而讓公司處於易被點名羞辱（being named and shamed）的狀態。

Land tenure system 土地所有權制度

正式建立土地所有權以及任何代間移轉土地所有權或買賣過程的法律安排。

Landscape restoration 景觀復原

見重建，Rehabilitation。

Latent conflict 潛在衝突

意指一個社區潛在或是被隱藏或藏匿的衝突。開發行為人員可能不會瞭解到社區裡的緊張關係。

Leading practice 領導實務

實際上與最佳實務（Best practice）相同，但因「領導」實務的認定常有所變化，所以這是一個相對的概念。通常與一個公司（一個領導的實踐組織）的態度相關，而不是實踐方法本身的特質。

Legacy issues 遺留問題

遺留（legacy）通常指被留下的事物，像是人在過世後於遺囑裡留給他人的事物，或退休後所留下的貢獻或是問題。此詞語亦可用於公司或是開發行為留下的事物。雖然按理說此詞語應該是中性或雙向的，並且可以指涉正向的事態或是貢獻，在社會影響評估中遺留問題多半指計畫所留下的污染。就採礦部門來說，大部分用在其遺留下的污染，像是酸礦排水。其他開發計畫的遺留問題會影響社群的信任度，因此對於這面向的認識相當重要。

Legitimacy 正當性／合法性

意即一方的行動為個人或是群體所期望、認同，或至少對其他團體來說於規範上是可以接受的。正當性有多種解釋方式，包括法律正當性、政治正當性、道德正當性跟社會正當性。單作正當性時，至少在社會影響評估的語境下，通常是作為「社會正當性」（social legitimacy）的概念，代表一項行為在社會可接受的程度。

LGBT/LGBTIQ
女同志、男同志、雙性戀、跨性者、雙性人與酷兒人群

女同志、男同志、雙性戀、跨性者、雙性人與酷兒人群。LGBT、LGBT+、LGBTIQ 是討論性傾向與性別認同時典型的概括縮寫。LGBTIQ 群眾常常受到歧視，因此在社會裡屬於邊緣化的弱勢族群。

Licensing process 許可程序

營運單位取得環境認證或許可的過程，這個過程由相關管制機關決定是否准許。

Lifeworld 生活世界

一個描述人類生活經歷及其日常生活的社會科學概念，在分析或敘述裡多採取常人（而非研究者）的觀點。

Linear projects 線性開發行為

指會影響狹長的線狀土地，延伸好幾公里的工程，像是管線、高速公路、鐵路、交通路線與灌溉系統。

Liveability 宜居性

一個地方讓居民樂於在此生活與工作，並提供所有居民高品質的生活。

Livelihood 生計

意指個人或家戶的生活方式與賺取家計的方法，準確來說是他們如何確保生活的基本需求，例如食物、水、居處、衣物與社群生活（另見永續生計，Sustainable livelihood）。

Livelihood Restoration and Enhancement Plan 生計重建及改善計畫

一個計畫作為居民重新安置過程的部分，目的是要重建與改善居民在被安置或經濟移置之後的生計。

Local content 在地成分

一間公司藉僱用和／或採購過程，以確保價值留於當地的要求、預期或承諾。

Local knowledge 在地知識

一地區或社區裡的人，歷經時間推移發展出、且繼續發展中的知識，包含事實認知的集成、人們對於世界的概念、信仰和認知系統，也包括人類如何觀察與衡量周遭環境，與解決問題、驗證資訊的方法。有許多同義術語能被使用：本土知識、本土技術知識、傳統知識、傳統生態知識、傳統環境知識與原住民知識。

Local procurement 在地採購

指企業政策和培力策略，刻意採購在地供給者的商品與服務，以增進開發行為對在地社群的利益。

Marginalised groups 邊緣化群體

見少數群體，Minority groups 與弱勢群體，Vulnerable groups。

Marginalisation 邊緣化

使少數團體和／或弱勢團體處境惡化的社會與經濟過程。

Materiality 重要性

法律概念，意指某些事項是否與目前的事件相關。例如，此用語可以是誠信協商中需要公開揭露的項目，也可以是永續報告中需要考量的事項。

Mental health 心理健康

簡單來說指心理健全且無任何心理疾病的狀況。心理健康包括個體享受生活的能力，還有主觀幸福感、自我效能感、自主感、競爭力與自我肯認的知性與情緒潛力。

Microfinance 微型金融

各種提供低收入者（尤其女性）建立個人事業的銀行服務（通常為小額貸款之提供）。微型金融的服務非常重要，因其提供了那些因借貸的額度較小、低收入、缺少抵押品、不具備借貸紀錄或有不良借貸歷史而無法取得資金的人。

Mindmap 心智圖

心智圖是表現構想與想法的圖表，畫心智圖是一個組織資訊與意見的過程。

Minority groups 少數群體

社會科學名詞，用以描述與主流群體不同，或可與主流群體區分開的特定社會群體。他們通常會：經歷歧視與支配；在物質上與／或在文化特徵上被區隔開來，也因此受到主流群體的邊緣化；具有共有的集體認同與共同負擔；劃分某人歸屬與否以及誰無權決定少數之地位的社會共有規則；以及於群體內通婚的傾向。

Mitigatability 減緩可能性

能夠被減緩。

Mitigation 減緩

爲計畫性介入設計與執行程序、步驟和／或修正的過程，以避免、減少或最小化，或補償（抵消）可能會發生的影響。

Mitigation hierarchy 減緩層級

用以規劃減緩行動的架構，簡要言之，包括避免、減少、修復、補償。較完整的描述，則包括於源頭避免、於源頭最小化、當場中止、接收端中止、修復、實物補償、以他法補償。

Monitoring 監測

可以意指檢查計畫性介入的同意條款是否受遵循的過程，以使該介入能夠進行，但通常是指持續進行的測試，以瞭解是否有無預期的影響出現之過程。

Moral outrage 義憤

當某些道德標準的認定或信仰——如公平或正義的標準——被違反時感到的憤怒。

Multiplier effect 乘數效應

見區域乘數，Regional multiplier。

Naming and shaming 點名羞辱

藉由公布加害者或犯錯者姓名，以促進承諾或遵循既定規範和／或良好實務。與「主動瞭解與關懷」（knowing and showing）相反。

Needs assessment 需求評估

判定客戶或社區議題及其重要性排序，作為方案發展一部分的系統性程序。

Newcomers 新成員

某特定地區的新居民。

NIMBY 鄰避效應

鄰避（Not In My Back Yard）議題的縮寫，如機場、掩埋場、風力發電廠等不受地區歡迎的土地利用，在選址階段常會面臨的反應。

Non-technical risks 非技術性風險

指一項開發行為的管理、法律、社會及政治等面向。在產業思維中，有時將它認為是外部風險（或甚至是無法量化的），因為其產生之事由，非屬開發行為管理者所能控制。

Normalisation 市鎮常規化

為避免公司市鎮或榮市風潮的興起，或促使某一榮市轉變為較為正常社區生活的作業。

Normative 規範性的

規範性的觀點或判斷，指關於事物理當如何、如何評價、什麼事物是好或不好的，以及行動對錯的主張。通常以某道德原則為依據，或者可以是依據超越法律要求的國際規則或標準（若為法定要求，則非規範性要求）。

Oldtimers 既有居民

口頭語，用以指地區的長期居民，使用上對比新成員。通常既有居民與新成員的關切點不同。

Outcomes 結果

在評量、方案邏輯和開發案管理中，結果指方案更高階的目標及目的。

Outputs 輸出

在評量、方案邏輯和開發案管理中，輸出意指方案的產物。重要的概念是，輸出很少是預期的成果，而僅是為了達到後續成果的墊腳石。

PAPs 受開發行為影響民眾

見受開發行為影響民眾，Projected affected people。

Paradigm 典範

指一特定時期，經科學佐證（並定義）的實務、方法、理論及理解。換言之，意指某一研究領域的世界觀，也就是一特定研究領域裡的學者群及實務工作者，於現今認為理想的作法。

Participation 參與

利害關係人影響並共享發展倡議及影響其生活的相關決策和資源控制權的過程。這是一個可以改善開發行為品質、效率和永續性，並強化政府與利害關係人的所有權和承諾的過程。

Participation Agreement 參與協議

見影響與回饋協議，IBA。

Participatory monitoring 參與式監測

利害關係人參與監測行動並確認資訊的有效性，以確保監測程序和開發計畫的整體正當性。

Perceived impact 感知影響

被認定為潛在影響，而非經過證實為實際影響的影響，須留意感知影響可能波及人們對於開發行為的感覺，以及他們一般的感覺和行為模式，也就是說，知覺即是他們的現實。

Performance standards 績效標準

績效標準是描述實務或成果之被期待標準的一般性概念，在社會影響評估裡，通常指國際金融公司的《環境和社會永續性績效標準》（Performance Standards for Environmental and Social Sustainability）。

Permitting process 許可程序

指評估和開發行為核准的管制性程序（另見環境許可或環境認證，Environmental licence）。

Physical displacement 實體移置

見移置，Displacement。

PIMBY 鄰迎效應

鄰迎效應（Please in my backyard）的簡寫，與鄰避效應（NIMBY）相反，指取得社會營運許可而使人們歡迎開發行為於臨近地區的思考方式。

Place 地方

基於個人經驗和／或個人或團體與該地的關係，而被賦予意義（包含負面及正面情感）的地理空間。

Place attachment 地方依附

指個人對當地環境和／或社區產生正面情懷的程度。

Place dependency 地方依賴

類似於地方依附（Place attachment）的概念，但更強調個人對於一特定場所產生依賴、連結而因此無法遷移，以及易受改變衝擊的狀況。

Placelessness 無地方性

可指缺乏地方精神，或不真切或與其周遭環境脫鉤的地點；或可指個人因被重新安置或社區變遷速度過快而經歷的隔離感。

Plan 計畫

為達成明確目標和／或議程的執行策略。

Planned intervention 計畫性的介入

一開發行為、計畫、政策或方案，基本上可指任何為達成明確成果或目標而經過思量的行動。

Policy 政策

指由一組織所準備，就該組織相關重要事務的原則敘述，或目標和程序步驟的總體聲明文件。

Post-closure planning 關廠後規劃

見關廠規劃，Closure planning。

Potential impact 潛在影響

被預測的影響，而不是已經發生的實際影響。

Prediction 預測

就特定計畫性介入，確認其未來可能影響的作業。

Primary zone of influence 主要影響區域

指所提案的行動導致影響的主要區域，與行動同時間、同地點發生社會影響。

Profanisation 世俗化

指神聖的物體化為平凡（世俗）的過程。與異文化的接觸，以及特別是文化器物的銷售，造成它們失去神聖價值。

Profiling 基本資料調查

於開發行為前階段，蒐集社區特質和當地環境背景資訊的過程。

Program 方案

包含承諾、提案、工具和活動的連貫、有組織的議程或時程，會詳述並執行政策，最終組成許多個開發行為。

Project 開發行為／開發案

一個資金項目的提案，通常包含規劃、設計與執行特定活動。

Project affected person/persons/people (PAPs) 受開發行為影響民眾

世界銀行與國際金融公司的詞彙，有時可以指任何因為開發行為而受到負面影響的人，但有時亦主要指因為開發行為而需被安置或移置的人。

Project area of influence 開發行為影響區域

包括：由開發單位（或其承包商）開發或控制的開發行為主要地點和相關設施；開發行為結果產生的相關設施（即使不是客戶或包含政府在內的第三方直接提供資金者亦然），其生存與存續完全取決於開發行為本身的狀況，而開發行為成功運作與否與其產品或服務至關重要；還有可能受進一步開發行為的累積性影響波及的區域；可能受到開發行為之後或在另一處所引發、未經規劃但可預期的發展所可能影響到的區域。

Project-induced in-migration 開發行為導致的移入

見蜜罐效應，Honeypot effect。

Projection 預測

在社會影響評估作業裡，針對一個或多個社會影響因子未來狀況的估計／推測／預測。

Proponent 開發單位

預計要開始執行一個特定開發行為的組織或個人，如政府、商業或非營利組織。在法規中，通常指呈交開發行為申請或通知的組織或個人。

Public comment period 公眾評論期

在法制影響評估的程序中，通常會要求於一指定期間（譬如 30、45、60 或 90 天）之內，完整的影響報告書能被公眾查閱並給予評論。

Public Consultation, Public Involvement, Public Participation and Community Engagement 公共諮詢、公眾涉入、公共參與和社區投入

雖然經常可以交替使用，但仍有重要區別。公眾涉入（public involvement）可以說是一個橫跨性的概念，指將公眾納入決策過程相關的程序；諮詢（consultation）則是指尋求社區意見；而參與（participation）指實際地將公眾帶入決策過程之中。

Quality of life 生活品質

指個人的整體幸福感，與生活水準不同，前者包含所有主觀且非經濟的生活面向。

Regional multiplier 區域乘數

經濟學術語，指一特定初始刺激（例如開發行為）對於區域經濟的最終影響，與該開發行為直接影響的比例；在地投資擴大當地經濟量體的程度。

Regulatory agency 管制機構

（管制者、管制當局、管制機關、主管機關）負責作出決策，並監督某些人為活動的公部門或政府機關，具有管制或監督的能量。在社會影響評估中，這可能是環境部門或是規劃部門。此機關負責審核環境影響說明書與社會影響評估報告書是否可被接受，並核發開發行為許可。

Rehabilitation 重建

在影響評估中，重建通常指回復其地景至開發行為前的樣貌（復原）。若無法作到，至少讓地景回復至民眾可接受的程度（整治）。例如，以採礦而言，重建指替補土壤層與地表植被復原。

Replacement cost 重置成本

一個經濟或保險的概念，意指替代資產的全部成本。以賠償為目的，估算開發行為破壞之資產價值可能具有爭議性。保險評估員常會使用資產折舊價值進行評估。在開發行為導致安置與移置的狀況，必須提供全額補償以避免民眾的生活更加惡化。

Reputational risk 聲譽風險

（或作聲譽傷害）指某組織因與特定實務有所關聯，或遭認定有所連結，而使其名譽面臨潛在風險。

Resettlement 安置

為使開發行為得以進行而必須徵收土地時，將民眾和社區移置至他處的計畫程序。當開發場所已經確定，而當地社區除重新安置之外，實際上沒有其他選擇，則被視為是非自願安置；當國家並未行使、威脅使用或被認定威脅使用徵收權力，且受影響民眾實際上仍有所選擇同意安置與否的情況，則可被認定為是自願安置。

Resettlement Action Plan (RAP) 安置行動計畫

安置行動計畫，依據安置政策架構發展而成，是一個落實特定安置程序的詳細策略。RAP 詳細執行基礎狀況紀錄流程，諮詢受影響群眾，並提供以下策略的細節：(1) 避免或最小化安置的可能性；(2) 補償損失；(3) 必要時重置或重建；(4) 確保提供受影響民眾改善收入、能產生收入的活動，與開發行為影響前的生活水準之機會。

Resettlement Policy Framework (RPF) 安置政策架構

開發行為的政策或作業指南，涉及如何解決開發行為自始至終都會遇到的土地徵收、重置、補償與生計復原等問題。

Residual impact 剩餘影響

即使已執行減緩措施，仍預期會發生的負面影響。

Resilience 韌性

一個社群面對負面影響的威脅而復原的能力。

Resistance 抵抗

一個社群抵抗改變、反對不適當開發的能力。

Rights-based approach 以權利為基礎的途徑

見人權為本的途徑，Human rights-based approach。

Rights holder 權利持有人

權利受到影響的個人與群體，此名詞可以說包含了所有的利害關係人（stakeholder）。雖然權利人與利害關係人有相似的效果，但是「權利人」與人權為本的途徑有所連結，並提高了這些人可能有其法律地位的明確意識。

Risk 風險

可以代表事件發生的可能性，但也可以有略微不同的意義，例如一個（機率未知的）不確定事件若發生，將會影響一個或多個目標的實現。風險內可生成許多子項目，例如與開發行為管理、法律、社會與政治議題相關的非技術性風險（或社會風險）；而技術性風險是指物理、結構、工程與環境方面。

Rite/ritual 典禮／儀式

一個表達文化與社群的典儀行為。

Rootedness 根植在地

強烈深植於地方社區的感覺，就像樹有根一樣。與地方感（sense of place）類似，根植在地是個人與社區其他人的社會連結（社會資本），因此是地方依附的一個要件。例子包括有當地親戚、長期朋友、親密好友等。

Royalty 權利金

一般而言，權利金是一方（被授權人）為了持續的資產使用權而向對方（授權人）支付。在社會影響評估的脈絡來說，權利金是資源開採公司為了取得資源開採權，而對政府和／或土地所有權人支付。

Sabotage 破壞

藉由故意阻礙、干擾、或破壞以對企業造成傷害的行為。感受到不平的利害關係人，可能採取直接的行動對抗開發行為；也可能破壞設施，企圖吸引公眾注意、拖延開發行為或單純報復。

Sacred 神聖的

有精神上或宗教上的重要性。

Sacred site 聖地

對當地民眾在精神上有特殊重要性的地點（地景上的位置）。雖然一般認為聖地與原住民有關，但聖地也可以概括適用於其他具有高度文化遺址重要性的精神和宗教地點與神廟。

Safeguard policies 防衛政策

世界銀行制定之一套規範環境與社會行為表現的政策。

Scoping 範疇界定

針對特定計畫性介入，界定主要關注議題與利益受影響團體之過程。

Screening 篩選

決定是否有影響評估需求，若確有需要，須執行何種評鑑的選擇流程。在管制規範中，適用法規對篩選有明確規定。雖然此術語通常並不作此使用，但「篩選」得以更概括地指涉決定公司作業流程、國家與國際相關立法和／或金融夥伴（特別是世界銀行、國際金融公司或遵守赤道原則的銀行有可能參與時）的合作要求裡，所須達到的要求或遵守之程序。

Self-determination 自決

關於群體（而非個人）的一項特定人權，認定所有民族都應能自由決定其政治地位、追求經濟、社會與文化發展。

Sense of community 社區感

見社區意識，Community mindedness。

Sense of place 地方感

個人於日常生活中，經歷到的社會與自然面向之中，自己與所屬環境的關係。

Shared infrastructure 共享基礎建設

指為開發行為所建造的基礎建設，但也被用於滿足當地社群的需求，例如發電設施、供水系統、污水處理、橋樑、道路、鐵路、港口與機場。

Shared value 共享價值觀

企業定位其角色的一種思考方式，認知社會需求的重要性，而非只考慮傳統經濟需求和市場定義，而企業的目的必須被定義為創造共享價值觀而非僅專注於獲利，如此社會便可與企業一同受益。另外，這個觀點亦肯認社會傷害常常會以社會風險的型態，使公司付出成本，因而需要審慎管理。

Significance (assessment, determination) 重要性／顯著性（評估、決定）

針對後續分析和／或減緩措施相關議題，而作出優先排序行為。在範疇界定程序之後，影響的重要性會以某些預設標準為依據，或與社區聯絡委員會共同評估。

SIMP (Social Impact Management Plan) 社會影響管理計畫

社會影響管理計畫。

SME 中小企業

指小型至中型企業（small to medium enterprise），不同的國家以員工數量和／或年度所得作為認定標準，因此定義有所相異。當單獨指獨資事業或極小型企業時，會使用術語「微型企業」（micro enterprise）。中小企業因為經常是分散、無組織且易受開發行為影響，故對社會影響評估來說相當重要。若能謹慎處理，他們也可以相當且正面地被納入地方採購計畫的承諾之中。

Social area of influence 社會影響區域

與「影響區域」意義相去不遠的術語，但更強調開發行為中社會影響的層面。鑑於人的移動性與社會影響的程度，以物理區域而言，社會影響區域很可能比物理影響區域大得多。

Social baseline 社會基準資料

見基準資料，Baseline。

Social carrying capacity 社會負載力

一個特定地點能支持的人口數。相較於（生態）負載力是生態學裡相對確立的術語，社會學家很少使用社會負載力一詞。公園管理員在論及其公園能容納的最大遊客數時，會討論社會負載力的概念；在觀光領域，社會負載力的概念用於一個旅遊景點（戶外地點、村莊、區域、文化）能有餘裕處理的遊客數目。

Social capital 社會資本

人用以追求生計目標的社會資源，包含其社交網絡、社會連結、信任關係、增進彼此合作的互惠交換、減少交易成本與提供資訊安全網之基礎。此術語可以涵蓋機構、關係、態度、個人及共享的價值，與管理居民之間的互動、促進經濟與社會發展的社會行為規則。

Social change process 社會變遷過程

計畫性的介入使受影響社區創造、產生、賦予能力、促進和加劇了一個可被識別的變遷過程。社會變遷過程本身並非社會影響，但在當地脈絡裡，是否會造成社會影響的感受則待驗證。舉例來說，移民與安置計畫所導致的社會變遷過程，有可能會、但也有可能不會造成社會影響。

Social determinants of health 健康的社會決定因子

民眾的經濟與社會狀況，所造成個人與群體在健康狀況上的差異。它指的是個體在生活與工作場合中，會影響疾病風險、易受傷或生病的社會危險因子，而不是個體因子（例如行為風險因子或基因）。社會決定因子的分佈受到公共健康與其他政策、不良的政府治理、不公平的經濟分配所影響，使原本富有、健康的人變得更好，而本來就可能患病的貧窮者更加貧困。

Social development 社會發展

在社會影響評估中，社會發展指的是特定社會向期望的發展目標前進的過程，是一個被計畫的社會變遷過程，並與經濟發展攜手並進。社會發展目標會根據當地狀況不同而有差異，但可以是強化社會福祉與經濟繁榮、增強永續生計、促進例如健康與教育等基礎服務的提供、促進社會包容性、建設能力與促進政府治理等等。社會發展與社區發展大致相同，但較強調實現發展成果。

Social development outcomes 社會發展結果

某項特定的發展介入計畫預期達到的結果。

Social disarticulation 流離失所

指社群團體中的社會網路及支持機制遭到擾亂的過程，通常是重新安置所造成的零碎化效果所導致。

Social disintegration 社會解體

社區中的社會秩序崩解過程。

Social diversity 社會多樣性

指社會團體與民眾，基於性別、族群、年齡、文化及經濟背景等特質，混合成的在地化組合。

Social exclusion 社會排除

阻礙社會包容與社會整合成果，及／或造成弱勢群體邊緣化的過程。

Social footprint 社會足跡

試圖作為社會學中與「生態足跡」類似的概念，意指一開發行為或產品造成社會傷害的比喻。此概念並不受社會科學家青睞，因此並未於用於社會影響評估之中，但有些環境學家會將之與生態足跡一起提倡。

Social fund 社會基金

指一開發行為提供給受影響民眾的資金（可能但不必然是補償）。社會基金通常由社區管理，用以幫助社會規劃的未來發展和社區整體利益。一般以與某物的比例計算之，例如每一千度電、或礦場每採一千頓金礦的金額固定比例。社會基金並非權利金，雖然權利金亦可作為社會基金。

Social impact 社會影響

感知上或肢體上，於個人、社會單位（家庭／家戶／群體）或社群／社會的層次所經歷或感覺到的事物（亦見社會變遷過程，Social change process）。

Social Impact Assessment (long form)
社會影響評估（詳細格式）

包含分析、監測及管理計畫性介入（政策、方案、計畫、開發行為）所造成的刻意及非刻意的社會影響之過程，包括正面或負面，或為任何該介入計畫引發的社會變遷過程。它的主要目的是帶來更永續而公平的生物物理和人文環境。

Social Impact Assessment (short form)
社會影響評估（簡易格式）

分析、監測及管理發展的影響。

Social Impact Management Plan (SIMP) 社會影響管理計畫

概述出在不同的開發階段（包含關廠）須採取的監測、回報、評估、審查和主動回應改變之策略的正式文件及相關管理系統。其程度類似於社會影響評估報告書，社會影響管理計畫的主要理念，是專注於對影響的管理策略，而非僅條列出潛在影響。

Social Impact Statement 社會影響說明書

社會影響評估版本的環境影響報告書；呈交給管制單位的正式文件。

Social inclusion 社會包容

為社會正義的概念，指所有政府層級和公民社會，經由去除體制上對參與的約束、制定誘因的參與機制，以增加不同個人及團體接觸發展機會和完整社會參與機會的政策承諾和積極策略。

Social indicator 社會指標

用以監測社會現象變化的統計數值（變項），於社會影響評估中，所有被認為是重要監測項目的社會議題，會有被認定的社會指標。

Social innovation 社會創新

指透過重新設計和創造新的產品、服務、組織架構、政府架構、政策、程序和活動，以滿足社會需求，或提供社會福利給社區，而能比既存的傳統公部門、公益、及依賴市場的方式，更有效率地回應社會排除的論述。

Social integration 社會整合

社會中不同群體和諧地、有建設性地、共同合作地生活在一起的能力，並為了全體利益計，而於共同利益框架下適應彼此差異。社會整合指個人正義及不同社會群體和國家間的和諧，它代表藉由使所有社會機構更容易被接觸，以整合處於劣勢和弱勢的團體。

Social investment 社會投資

於社會影響評估中，社會投資的概念意指一開發行為應提供資金，幫助實施對地方發展有所貢獻的開發行為。當企業有明確的業務案例可提供資金，則稱為策略性社會投資。

Social justice 社會正義

指普遍及於社會的公平和公義的理念，是尊重人權的哲學，認為每個人都應該有改善自身，並有參與影響他們自己人生決策的機會。

Social licence to operate 營運的社會許可

描述社區的接納亦是計畫成功之必要關鍵的通用說法。

Social licence to operate and grow 營運與成長的社會許可

營運社會許可一詞的變化型，強調與營運發展相關所有利害關係人的接納，對於業務拓展而言是必須的。

Social management system 社會管理系統

一企業或計畫中，專門處理社會議題的管理系統。

Social performance 社會績效

一開發行為與社會之間的介面；對應於其社會關係，一企業機構對於社會責任原則，社會回應的程序，及其政策、方案及可觀察的成果。

Social profile 社會基本資料

見社區基本資料，Community profile。

Social return on investment (SROI) 社會投資報酬

指投資開發行為或活動裡，衡量直接財務回饋之外的附加利益之方法，例如社會投資基金的回饋，通常以其與投入資源相較的比例表示之。

Social risk 社會風險

世界銀行定義社會風險為「計畫性的介入造成、強化或加深不平等或社會對立，或關鍵利害關係人的態度和行為破壞發展目標成果，或發展目標和達成手法缺乏利害關係人掌控的可能性。這些風險可能在超越國家社會文化、政治、運作上或體制上的範圍外出現」。

Socially-responsible security 社會責任安全

指一開發行為週邊，針對人身安全和其他社會議題的安全措施，且多與《安全與人權自願原則》一致。

Soft regulation 軟性管制

（或作「軟性法規」，Soft law）指針對企業活動的非正式管制程序，例如業界標準和指導原則，也指會影響企業實務運作及他們如何評斷或思考的國際條約、盟約等。

Spirit of place 地方精神

指某地方特別、獨特而受到珍視的面向。地方感（sense of place）是指個人對一個地方的個人情感，地方精神則是指某地方固有的特質。

Stakeholders 利害關係人

包含所有受一特定作業影響、或可能影響該特定作業的個人和團體，利害關係人由個人、利益團體及機構組成。

Stakeholder analysis 利害關係人分析

指認定開發行為所有利害關係人（亦即可能對開發行為造成影響，或受其影響的個人和團體），並瞭解他們對於開發行為的疑慮和／或其與開發行為關聯的審議式過程。

Standard 標準

用以作為基準或目標的常規、慣例或判斷。

Standard of living 生活水準

指個人或團體安適程度的實體、客觀的指標。

Strategic social investment 策略性社會投資

為求達成開發行為／企業的策略性目標及地方社區的需求和展望，所專門規劃的社會投資。

Subjective wellbeing 主觀幸福感

個人生命經歷；個人人生滿足程度；人們大致上就其整體人生感到幸福的程度。

Subsistence 自給自足

用於形容一系列詞彙的形容詞，例如自給性經濟、自給性生計、自給性畜牧、自給性漁業和自給性礦業（即家計型礦業）。自給性指人們生產自己的產品和服務，或藉由易物協議進行交換的非正式或非市場經濟，其目的並不是換取現金（亦即非指現金經濟）。

Sustainable development 永續發展

布倫特蘭委員會（Brundtland Commission）的報告《我們共同的未來》（*Our Common Future*）定義永續發展為一發展模式，既能滿足我們現今的需求，同時又不損及後代子孫滿足自身需求的能力。

Sustainable livelihood 永續生計

生計包含能力、資產（見資本，Capitals）及為取得生活所需的必要活動，當一種生計可以解決／適應且從壓力及震盪中恢復，於現在和未來都能夠維持或促進自身的能量和資產，且不破壞自然資源基礎，即為永續生計。

Sustainable Livelihoods Approach (or framework)
永續生計途徑（或架構）

分析開發行為對民眾和社區生計影響的一種方法，以資本（生計資產）作為架構的基礎。

SWOT analysis 優勢 - 弱勢 - 機會 - 威脅分析／優劣分析

指考量一組織或社區之優勢、弱勢、機會及威脅（strengths, weakness, opportunities and threats）的分析方式。

Taboo 禁忌

指文化上禁止的事物，開發行為時常會因忽視當地文化而違反禁忌，造成冒犯。

Technocratic 技術官僚

用以指具有卓越技術能力，但缺乏社會意識和認識的人與組織之貶抑用語，特別是僅基於其技術知識，而對社會和政治背景未盡適當考量的人。

Traditional knowledge 傳統知識

見在地知識，Local knowledge。

Traditional owners 傳統領域持有人

於澳洲使用的術語，指基於原住民地權，有效主張自己為土地所有人的原住民（見本文 BOX 7）。

Transboundary impacts 跨境影響

指會跨境轉移的環境及社會影響，通常指國境，但也可是跨過任何管轄邊境。

Values 價值

個人對於生命中什麼是對的和／或重要的，所持之抽象和多半為潛意識的想法，這些想法通常會被整合入價值體系中，價值和價值體系於各文化團體間實質上可能有所不同。

Venting 宣洩

原指排出蒸氣的過程。於社會影響評估中，指氣憤或情緒激動的人得以表達其感受的情況，宣洩的機會是良好社區參與過程不可或缺的部分。

Vernacular heritage 鄉土遺產

「方言」（vernacular）通常指某地區裡一般人的日常語言，與此類似的，「鄉土遺產」（vernacular heritage）指屬於一般人生活，或者是具有共同語言或共同生活經歷小型群體專有的文化資產。

Voluntary Principles 自願原則

在社會影響評估中，通常指《安全與人權自願原則》。

Voluntary resettlement 自願安置

見安置，Resettlement。

Vulnerability 脆弱性

指顯現出低耐受度和／或高風險特質，及個人、團體或社群對動盪或負面影響之適應能力減少的情況或狀態。脆弱性與低社經地位、殘疾、種族或影響人們取得資源和發展機會的能力等單一或多重因素有關。

Vulnerable groups 弱勢群體／脆弱群體

指表徵出脆弱特質的團體，雖然脆弱性取決於不同情境，並可包含非常大範圍的團體，此概念通常包括：原住民、少數民族、移民、失能者、街友、窮人、與藥品濫用搏鬥的人、獨居長者。

Watchdog NGO 監督性質的非政府組織

指其任務或目標包含監督角色的非政府組織（NGO），特別是監督企業或其他組織的活動。這類非政府組織傾向使用「點名並羞辱」（name and shame）的策略，以促進企業改善其實務。

Weekenders 週末居民

指居住他處而於週末及假期時回到第二居住地的人，此術語有時專指此種生活型態中的房屋。這樣的群體常為社會影響評估中的重要元素，但往往在接觸聯繫上有困難，他們有時會因開發行為受負面影響，且／或與受影響社區之其他住民有不一樣的問題。

Wellbeing 福祉

指個人或群體的社會、經濟、心理、精神或醫療狀態。

White elephant 白象

現今的普遍用語，指花費龐大但實用性有限的設施（建築等）。歷史上，本詞有一更精確的意思，指設施維護費用甚為纏累（因此被視為一項作為累贅的資產），但又讓人無從擺脫。除非在社會投資用度的選擇上審慎小心，許多開發行為可能會變成白象。

World Bank safeguard policies
世界銀行防衛措施安全保障政策

指世界銀行認為的十個為確保不造成環境或人權傷害的重要作業政策（Operational Policies）：環境評估（OP 4.10）、爭端地區（OP 7.60）、森林（OP 4.36）、原住民（OP 4.10）、國際水道項目（OP 7.50）、非自願安置（OP 4.12）、自然棲息地（OP 4.04）、病蟲害管理（OP 4.09）、物理上的文化資源（OP.4.11）和水壩安全（OP 4.37）。

World Bank social safeguard policies
世界銀行社會安全保障政策

為安全保障政策（見上）的子項目，主要為其底下關於社會議題（或是由世界銀行的社會發展部門辦理的事項）的措施，包括原住民（OP 4.10）以及非自願安置（OP 4.12）。

Worldview 世界觀

指個人（有時是一特定社會或文化）看待其世界的觀點，換言之，是一個認知性的架構。該術語是社會科學家和社會影響評估從業人員所常使用的詞語。

臺灣中文版翻譯後記：社會影響評估與臺灣環評的改造

王鼎傑（國立臺灣大學風險社會與政策研究中心博士後研究員）
何明修（國立臺灣大學社會學系特聘教授暨風險社會與政策研究中心研究員）
2017 年 7 月 25 日

本書翻譯緣起，為國立臺灣大學社會科學院風險社會與政策研究中心接受行政院環境保護署委託，執行「環境影響評估社會影響評估技術規範推動計畫」。鑑於國內相關學術領域和實務探討，雖有部分成果但尚未成為重要研究主題，在政府與公民社會亟謀改善臺灣環評制度之際，適時引介國外文獻顯得格外重要，因此選定翻譯由國際影響評估學會（International Association for Impact Assessment，簡稱 IAIA）於 2015 年所出版《社會影響評估：開發行為的社會影響評估與管理指引》（*Social Impact Assessment: Guidance for Assessing and Managing the Social Impacts of Projects*），希望此書的中文版問世之後，除了為國內讀者介紹社會影響評估概念和優良實務，也希望為後續相關制度和實務工作的開展，建立基礎。雖然社會影響評估在許多國家已有不少實踐經驗和研究討論，但仍屬發展中的領域，因此多加引介國外制度、實務與學術研究，整理在地相關議題脈絡，提出對話並探索實務與制度建構的可能性，是相當關鍵的工作。本書主要作者為任教於荷蘭 Groningen 大學地理學系的 Frank Vanclay 教授，是社會影響評估領域的重要學者。鑑於國際間在永續發展論述和環評制度逐漸成熟，對社會影響評估需求日增，但少見專業實務上的指引，因此 Vanclay 教授與其他學者共同撰寫本書，以淺顯的語言，從概念架構、實作方法、案例檢討等角度，探討社會影響評估的多重面向，是一本相當值得參考的著作。

本書之翻譯，旨在為臺灣環境影響評估制度的改革提供更多的參考。不過我們希望提醒讀者，如同本書作者所強調的，社會影響評估不必然附屬於環境影響評估作業，而可以獨立進行；甚至在開發計畫案或政策提案的任何階段，皆可視需要而執行，或與其他評估工具結合使用。如此靈活的運用，才能有效發揮其最重要的溝通功能，讓資訊公開，受影響社群能充分參與規劃和評估程序，以改善開發案的規劃、執行和檢討，幫助整體社會朝向永續發展的方向前進。以下，我們將說明臺灣環境影響評估制度的簡史，並討論其在社會影響評估方面的問題，作為本譯作的背景簡介。

臺灣環境影響評估制度的建立與施行

戰後的臺灣開啟了另一波現代化過程，工業化迅速發展，但在經濟發展優先的政策方向之下，環境生態的保護成為次要目標，相關法規、政府部會職權皆缺乏良好規劃，以致污染事件頻傳，1970 年代開始，逐漸出現民眾以各種抗議行為，表達對環境問題的不滿與擔憂。由於越來越多的自力救濟事件，造成部分開發案受到抵制無法順利推動，因此政府開始考慮引進美國的環境影響評估制度，作為調解。美國於 1969 年制定、1970 年頒佈施行的《國家環境政策法》（National Environmental Policy Act），是針對聯邦政府核准開發行為申請，所設立的環境影響評估制度。作為評估機制，美國的環評制度是由負責該決策的主管機關（我國稱為目的事業主管機關），依據《國家環境政策法》及環境品質委員會（Council of Environmental Quality）所發佈之規定辦理影響評估。

1970 年代開始，臺灣即以美國相關法規和政策為依據，準備進行環境影響評估的試辦。1975 年由行政院國際經濟合作發展委員會（後於 1977 年改組為經濟建設委員會，2014 年與研究發展考核委員會合併改制為國家發展委員會）編譯相關文件。1979 年行政院通過由衛生署主持辦理環境影響評估，隔年即以翡翠水庫、大園工業區等計畫案試行辦理。進入 1980 年代，隨著黨外運動和環境抗議升溫，國民黨政府開始較為積極推動環境法制的建構，和有關部會職權的劃設與調整，來回應社會對於環境保護的要求。1983 年時，衛生署首提《環境影響評估法》草案，雖因經建會持反對之議而暫緩，不過大方向並未改變，行政院院會並指示重大經建計畫或民間大型工廠建設，若有環境污染之虞，應進行環境影響評估。1985 年行政院通過為期五年的「加強推動環境影響評估方案」，包含十四件示範計畫進行環評作業。1987 年 8 月間，原衛生署環境保護局升格為行政院環境保護署，並提出第二件《環境影響評估法》草案，1989 年行政院將草案送至立法院進行審查，經過立法委員多次討論之後，於 1994 年獲得三讀通過，正式確立了臺灣的環評制度，其後有幾次修正，並陸續頒佈相關施行細則及評估技術規範（包括動植物生態、空氣品質、噪音、健康風險等）。

環評制度立法完備前，重要開發案決策多在官商的黑箱作業中完成，即使有試行環境影響評估，對於資訊揭露和公民參與也未有相關規範，因此社區居民和一般公眾常是在開發計畫通過公佈之後，才得知消息，例如 1986 年的彰化鹿港反杜邦設廠事件，是由經濟部接受核定美國杜邦公司投資案，但當時彰化縣縣長是看報紙才得知該重大計畫；高雄美濃水庫的環評在 1990 年 8 月即已完成，然而當地居民直至 1992 年才知情；在 1992 年，臺灣省建設廳逕自宣佈通過新竹市香山工業區計畫案，地方政府事後才被知會。由於決策已定而幾無表達異議或翻案的途徑，居民多以集體陳情、圍廠、遊行等方式，要求政府當局重視和救濟（Ho, 2004）。在這樣的發展之下，環保署（1988: 13）內部報告曾認為：「民眾為反對而反對，而使開發單位所舉辦之說明會，無法達到雙向溝通之目的，民眾參與評估報告審查會，亦常抱過度情緒化反應，而無法以理性態度協商，致使民意真正表現困難重重」。

由於有這樣的背景，臺灣的環評制度被社會賦予多種期待，希望能解決開發案所帶來的衝突，其後各相關子法及施行細則、評估技術規範之出現，也反映了社會的要求。而臺灣的環評原本雖意圖參照美國法規，但立法過程的曲折導致了許多質變。1987 年解除戒嚴到 1990 年代期間，是社會運動、環境運動與國民黨的黨國體制強烈衝撞的時代。而當時的立法委員，不論黨派，對於主掌建設規劃和大型開發案的政府機關，多抱有不信任之感，認為掌握經濟政策的部會，不會認真面對開發案帶來的環境、健康方面的風險，因而以環保署作為環評審查程序之主管機關，而非交由各目的事業主管機關辦理，並把以「評估」為主、作為決策參考的美國環評制度，改為必須作出「審查結論」的審查機制，環評委員會結論認為不應開發之案件，目的事業主管機關即不得核發開發行為許可。

在 1994 年立法之後，環評審查過程對開發案件具有這樣的「否決權」，自然使得民眾、環保團體，甚至開發業者在抗議場合的「武鬥」之外，另有了「文鬥」的場域，也大幅改變了環境運動的走向。環保團體積極研究環評報告書內容，徵詢相關學者意見，提出有專業依據的反對理由，力圖阻止重大爭議案件通過審查；同樣地，開發業者也開始動員支持群眾，意圖影響審查結論。如此拉鋸常拖延了環評的審查時程，短則數月，長則三、五年，以致於工商界大老曾譏嘲臺灣擁有「世界上最嚴格的環評」，曠日費時而致時機流逝；然而，環保團體與許多學者同樣也認為，環評制度初建時，未能達到良好的公信力和一致性，常受到政府政策或政治力量的牽引，也過度依賴專業意見，缺乏社會科學研究者的投入，民眾參與程度也不足，都造成了環評的缺失。總之，現行的環評並不討喜，開發業者認為過度嚴苛而且冗長，環保團體則往往認為有「放水」之虞，夾在兩股對立勢力中的環境主管機關則是左右為難，搞得裏外不是人。

由於種種批評，政府也對環評開始一連串的程序改革。2005年之後，環評審查委員開始納入環保人士，算是讓環保團體有更為深入參與的機會。然而，現行環評制度的問題，仍有幾個重要的面向值得討論。

首先，環評仍是政府政策或重大開發案最後的一關，在整體程序位階上較屬於末端，因此若經濟發展政策仍是著重扶植高耗能、高污染、高排碳的產業，這樣的開發案進入環評，其風險考量自然易於引發重大社會爭議，此時再以環評把關，不儘時序已晚，若審查結果不符期望，反而各方究責於環評，而非總體政策，如此不免本末倒置。

其次，環評之辦理是遵照現制由環保署主持，或是依循美國制度，改由各目的事業主管機關辦理，尚待社會各界達成共識，而相關配套法規、行政制度之修改，亦為成事之關鍵。而現有環評對開發案具有否決權，也代表了政治人物有機會迴避重大政策或開發案的政治責任，因此是否將環評結論調整為決策評估之建議，不再具有否決權力，充分實現責任政治，這樣的選擇是否可行，也需要各界思考。

第三，目前在環評程序對於加強實質公民參與，仍有許多改善的空間。2005年後雖有環保人士進入環評決策程序，但這並不代表受影響社區有更多的參與空間。在環評第一階段，開發業者僅需將開發行為規劃內容及說明書上網公開二十日，舉行公開會議，並將居民意見處理回應編製於說明書，實質公民參與相當的侷限。至於有重大環境影響之虞而進入二階環評的開發案，社區居民有較多參與機會，包括公開說明會、公聽會等機制，開發廠商亦需對民眾意見有所回應，並記載於環境影響評估書。然而，如同王毓正（2010）所論，我國環評的公民參與程序，廣度、深度有所不足，民眾在決策定案前只能陳述意見，而難有影響決策甚至規劃過程的機會，其種種限制，與國際間的奧爾胡斯公約（Aarhus Convention）所詳盡列舉之公民參與精神與規範建議相較，難以相提並論。

以上所舉，只是臺灣環評問題焦點的部分。不過，我們希望本書之翻譯，對於臺灣環評、以至於對於影響評估之想像與實務作業，能多所啟發。而其相關之處，需從臺灣環評在社會影響方面的問題說起。

臺灣環評制度下的社會影響評估

對於社會影響評估的認識、評估之不足，可以說是臺灣環評常出現爭議的一個重要原因。事實上，在《環境影響評估法》第 4 條裡，說明環境影響評估範疇，應包括「社會環境及經濟、文化……可能影響之程度與範圍」;《開發行為環境影響評估作業準則》第 28 條謂:「開發單位應評估開發行為對周遭環境之……人口分佈、當地居民生活型態、土地利用形式與限制、社會結構……產業經濟結構、教育結構等之影響」。因此，在環評法規裡，即已要求環境影響評估作業，應針對開發案對受影響社區可能造成之社會影響，進行詳盡的調查、預測與評估。

除此之外，現有法律條文和行政命令亦有部分涉及社會影響評估，包括《區域計畫法》、《都市計畫法》、《都市更新條例》、《土地徵收條例》等，皆有要求針對規劃或徵收對象進行社會、經濟或永續發展等因素，進行評估分析。涉及原住民族事務者，則有《原住民族基本法》、《取得原住民族部落同意參與辦法》等法規，規範土地開發或資源利用等行為，應向原住民族或部落進行諮商並取得同意。至於其他相關法令，包括:《環境基本法》第 15 條規定各級政府應建立自然、社會及人文環境狀況資訊系統；《公民與政治權利國際公約及經濟社會文化權利國際公約施行法》裡，認可兩公約對於人權之保障；以及《文化資產保持法施行細則》所明定文化資產指定、登錄之審議須執行調查及影響評估。

由此可見，對於政策和開發案的社會影響，除了環境影響評估之外，在國內近年來的法規裡亦有越來越受到重視的趨勢。這項趨勢反映了不論是在開發案的環境影響評估，或是涉及國土規劃、原住民部落、人權保障等事務，對於相關社會影響之範疇界定、調查與評估，皆有越來越多的實際應用需要。然而，以環評而言，蕭新煌與王俊秀（1990）曾分析 1982 至 1989 年間國內的五十二份環評報告書，發現其對於社會影響的討論，皆出現「不平均」的缺憾，所佔比例都相當的低，這暴露環評報告對社會影響的忽略。如同王俊秀（2001）所言，臺灣地狹人稠的特殊發展情境，使得環境負載相對脆弱，許多開發行為在地廣人稀的國家未必是問題，但由於臺灣的地形、人口分佈等因素，相關政府部會和開發單位應對開發行為的環境和社會影響有良好掌握，避免不當的規劃和執行引發社會各界的反彈。

事實上，開發行為的社會影響向來是許多爭議案件的焦點，而這也反映出社會影響在臺灣的環評過程裡，未能受到重視和適當評估的問題。這一方面有制度上的原因，包括過往環評過程過於側重環境影響、依賴環境科學專業所產生的缺失。另一方面，也顯示了臺灣的社會影響評估實作，尚缺乏發展良好的典範和專業社群，以至未發展出相關實務規範，為從業人員提供可以遵從的準則。在本研究團隊針對近年來重要案例的回顧過程中，發現一階與二階環境影響評估裡，缺乏更為周延的社會影響評估範疇界定與篩選標準，使得開發案對臨近社區可能造成的社會影響，難以在環評程序中如實呈現而得到評估，進而影響到環評應發揮之功能。

再就實務面向來說，有幾項因素值得特別提出討論。在環評報告裡面，社會基本資料調查和影響評估撰寫者，多半非由具社會科學專業的人員負責，而常是由綜合評估者來處理，偶有見到人類學、考古學、都市計畫、景觀研究等訓練背景。相較於環境影響相當要求評估者之專業和實務經驗，環評的社會影響評估顯然需要更多的社會科學、文史工作專業的投入。這也反映在社會影響評估在環評報告裡所佔比例，除少數案例之外，社會基本調查、社會影響評估所佔頁數比例多半偏低，內容亦不夠詳盡。

在資料方面，環評說明書和報告書所使用的統計資料，多半來自政府統計資料（例如人口、產業部門等），少部分為現地勘查（如公共設施、建築等），但所採用之時空尺度與評估範疇不一，無法適切反映應進行評估的範圍。因此，有必要針對社會影響評估所應使用之資料，再作檢討。而就社區調查和公民參與的部分來說，環評程序要求針對居民關切事項進行調查，惟研究方法與資料蒐集方式不一，多以簡易的量化民意調查問卷為主，但在事前開發資訊揭露上、問卷設計、調查訪問方式及結果的解釋上品質不一，有些甚至直接以公開說明會之會議記錄呈現，而少見切實回覆與減緩方案的提出，因此造成調查和評估成果的侷限。

綜上所述，如何讓開發案的社會影響在我國環評程序裡，得到良好的調查、預測與評估，顯然尚有許多問題要克服。本書作為實務指引，綜合整理了國際間社會影響評估概念典範和實務經驗，並闡述了優良的評估實務內容，因此對於目前在相關領域亟須深化理解、加強實作經驗的臺灣，有相當重要的價值。

跳脫環評框架之外的影響評估

對應於臺灣環評目前的種種問題，本《指引》提出了許多不同的觀點，值得多加參考。首先，在臺灣的環境治理與環境運動的脈絡、以及環評審查結論具有否決權力的狀況下，各方看重的常是結果是否符合己方的期待。開發單位希望能藉由評估報告的提出，儘速獲得開發許可；關心的社區居民和環保團體，則希望環評能夠對開發案的環境影響嚴格把關，藉由環評審查會議結論停止爭議案件。而對政府而言，環評雖是社會壓力的減壓閥，但偶爾也成為政策推動的絆腳石，因此環評的定位和實務作法的演進，可說是反映了政治局勢的變化，以及主政者的思維。

在這樣的情勢之下，臺灣的環評制度背負了不符比例的壓力。當會議審查結果有停止開發的權力，各方多半聚焦於環評制度、評估方式、評估委員的組成等因素，是否於己有利，而環評報告書、說明書裡的內容，也因此偶見對於開發案的影響，特別是社會影響方面，有隱惡揚善、過度美化的現象，總之希望能讓案件盡速過關。凡此種種，使得環評部分原本應有之功能，遭到扭曲，而成為了具有高度對抗性質的零和遊戲。

2016 年總統大選過後，新政府著手開始擬議環評法令修改事宜，希望能改善過往環評的許多問題。就此趨勢而言，本書提供了許多值得參考的觀點，也有助於跳脫目前臺灣環評的框架，重新檢視影響評估的理論與實務，特別是開發行為的社會議題。在既有的臺灣法律架構下，未來社會影響評估的操作方式如果獲得採納，也仍會是在環評的框架中進行。換言之，只有若干依法應進行環評的開發案，才會從事社會影響評估。如此一來，既有的設計固然保障了社評的法律定位，也同時窄化了其應用的範圍。

就這一點而言，本《指引》所揭櫫的原則主要是著眼於國際相關實務趨勢，已逐漸脫離了過往對於環評管制架構的依附，而將社會影響評估視為一個管理開發行為各階段社會影響的過程，其施作可與環評結合，亦可獨立進行，且不限於事先評估。與其視為因管制規定而必得執行的程序，不如將社會影響評估定位為企業實現其社會責任的方式之一，作為企業優良實務的一環，以引導開發單位正視其開發行為的社會影響，主動進行瞭解、評估與管理，促進社區和企業的永續發展，如此比起被動依從管制規定而評估，更為直接而有效。

在現今，環保署已經宣佈中長程的環評制度改進方案，終極目標在於將環評的職責，由環境主管機關移轉至各目的事業主管機關。這項改革勢必衝擊目前環評制度所具有的否決權，也將引發更多對於制度走向的辯論，但對於社會影響評估的發展而言，或許這將會帶來更廣大的運用範圍與契機。因此，我們衷心希望本書之翻譯，能為臺灣環評制度的改造，提供更多的觀點與思考。

參考書目：

王俊秀，2001，〈臺灣脈絡下的社會影響評估：環境社會學的觀點〉。《應用倫理學季刊》20: 19-26。

王毓正，2010，〈從奧爾胡斯公約檢視我國環境影響評估法制中民眾參與之規範〉。《公共行政學報》35: 61-117。

環保署，1988，《建立環境響影評估制度檢討報告》。環保署內部報告。

蕭新煌、王俊秀，1990，〈社會影響評估在臺灣：回顧與展望〉。《思與言》28(4): 1-27。

Ho, Ming-sho, 2004, "Contested Governance between Politics and Professionalism in Taiwan." *Journal of Contemporary Asia* 34(2): 238-253.